交通天下

——西南交通大学通识教育文集

主　编　崔　凯
副主编　王　丹　代　宁

西南交通大学出版社
·成　都·

图书在版编目（CIP）数据

交通天下：西南交通大学通识教育文集 / 崔凯主编
. —成都：西南交通大学出版社，2022.12
ISBN 978-7-5643-8993-2

Ⅰ. ①交… Ⅱ. ①崔… Ⅲ. ①高等学校－通识教育－文集 Ⅳ. ①G640-53

中国版本图书馆 CIP 数据核字（2022）第 206380 号

Jiaotong Tianxia
—Xinan Jiaotong Daxue Tongshi Jiaoyu Wenji

交通天下

——西南交通大学通识教育文集

主编 崔 凯

责任编辑	居碧娟
封面设计	曹天擎
出版发行	西南交通大学出版社 （四川省成都市金牛区二环路北一段 111 号 西南交通大学创新大厦 21 楼）
发行部电话	028-87600564 028-87600533
邮政编码	610031
网址	http://www.xnjdcbs.com
印刷	成都勤德印务有限公司
成品尺寸	170 mm × 230 mm
印张	13.75
字数	198 千
版次	2022 年 12 月第 1 版
印次	2022 年 12 月第 1 次
书号	ISBN 978-7-5643-8993-2
定价	80.00 元

前言

以“立德树人”为价值引领，是人本教育，亦是自由教育。目前，中国高校的通识教育呈现出培养理念、课程体系、课堂模式等方面的体系化与多样性，集“通识课堂”“通识管理”“通识文化”于一体，汇“德、智、体、美、劳”五育并举为内核，涵养莘莘学子的“人文精神”“科学精神”和“中国精神”。通识教育倡导“一通古今，二通中外，三通文理，四通知行”，与专业教育相辅相成、相得益彰，在新时代，在社会大变革中，在教育领域应对“百年未有之大变局”中，继续坚守与应变，不断传承与创新。

自探索之初以来，西南交通大学对于通识教育相关的研究、讨论与实践不断深入。课程体系逐步完善，打造了一批以“交通天下”为特色的通识课程；师资队伍日益壮大，越来越多的优秀教师参与到通识课程的开发、建设、教学与改革中；管理机制日趋成熟，形成了合理的课程遴选、评价与考核方式，在师生群体中受到了广泛认可。

2013 年，地区性通识教育交流平台“川渝地区通识教育联盟’成立，定期召开通识教育工作年会，汇编《川渝通识教育》文集，西南交通大学参与其中，共同推进通识教育教学改革，助力本科人才培养模式创新。

2014 年，西南交通大学召开通识教育工作研讨会，并同时成立通识教育专家委员会，立足工科见长的专业背景，致力于深刻化通识教育内涵，科学化通识课程构成，精细化通识课程分类。全校上下齐心协力，坚持不懈地优化资源配置，改进实施策略，通识教育发展与改革之路行稳致远。

2019 年，西南交通大学承办川渝地区通识教育联盟年会。年会立足美育教育与通识教育前沿，汇聚相关专家学者深入研讨“如何彰显和发挥美育教育在通识教育中的独特作用”等高校通识教育建设与发展的核心问题，体现出了对通识教育教学改革与创新执着的探索精神。

“学贯古今，博通天人；以浅持博，以古持今，以一持万。”2022年年初，学校为促进通识教育实践经验的转换应用，总结既有成果和现状不足，向教师征稿约稿，涵盖通识教育的理念、策略与反思，高校通识课程教学模式，高校教师对通识教育的应对与融入，通识教育与课程思政等多方面内容，特精选20余篇优秀作品汇编为此书，旨在总结探索发现后的新思考，展现上下求索获得的新成就，提供理论及实践成果转换应用的新途径。以现有成果为基，以踔厉奋发为笔，以开拓创新为墨，描绘西南交大通识教育的发展蓝图，以“交大速度”开启通识教育优质发展的新阶段！

目录

从劳动教育出发，导入服务性学习

——新工科背景下材料类新生研讨课教学实践探索

王　壹　梁颖霞　狄　晗　王怡璇　黄兴民

【摘　要】本文以新工科为背景，以近两年课程教学实践为例，着重阐述了劳动教育视域下材料类新生研讨课的课程设计、存在问题以及应对策略，评价和分析了服务性学习的实施方式和应用前景。

【关键词】新生研讨课，服务性学习，劳动教育，新工科

一、概　述

以“主动塑造世界”为重要理念，新工科的实现途径包括“继承与创新”“交叉与融合”和“协调与共享”。对标新工科建设要求，如何开展符合国情且富有成效的教学创新实践，是横亘在高等院校一线教师和教育管理者们面前的重要难题。2018年9月10日，习近平总书记在全国教育大会上强调，坚持中国特色社会主义教育发展道路，培养德智体

基金项目：2020年度西南交通大学本科教育教学研究与改革项目“基于校企协同创新平台和课程体系重构融合的新工科材料类卓越班培养模式探索”（项目编号：20201020）的研究成果。

作者简介：黄兴民，1980年生，西南交通大学材料科学与工程学院教师，副教授，硕士生导师。2019年受聘为西南交通大学首届教学设计师，坚持以学生为中心和立德树人，不懈进行教学创新和提质增效；近三年承担了多门专业主干课程，主持两项教改项目，发表教改论文多篇，连续三届参加CHED年会；主要教学研究方向：翻转课堂，跨学科社会创新，服务性学习和基于项目学习。

王壹，西南交通大学材料科学与工程学院2020级在读本科生。

梁颖霞，西南交通大学材料科学与工程学院2020级在读本科生。

狄晗，西南交通大学材料科学与工程学院2019级在读本科生。

王怡璇，西南交通大学材料科学与工程学院2019级在读本科生。

美劳全面发展的社会主义建设者和接班人。当前，劳动教育在中国方兴未艾，备受关注。2020 年 7 月 7 日教育部印发的《大中小学劳动教育指导纲要（试行）》中指出：服务性劳动教育让学生利用知识、技能等为他人和社会提供服务，在服务性岗位上见习实习，树立服务意识，实践服务技能；在公益劳动、志愿服务中强化社会责任感。[①]如何开展行之有效、契合人才战略和社会需求、融合思政元素和课程内容的劳动教育，值得普通高等院校教育研究和工作者深入探索、持续实践。在新工科背景下，笔者针对材料大类新生，积极探索了“自组织”“朋辈引导”和“项目导向”等多种教学模式在新生研讨课中的应用，试图推动新生转变思维，发掘自身潜能，并结合近年来的教学实践，从劳动教育的视角探讨在材料类新生研讨课中开展服务性学习的成效和可行性。

二、课程设计与教学实践

新生研讨课侧重以“学”为重心、以探究为主线、重视学生积极参与。[②]经过多年探索实践，课程目标设定如下：① 促进大一新生完成适应性转变和学术性转换，形成专业认知和制定生涯规划，树立社会责任与使命担当，培育团队协作精神；② 使大一新生打开眼界，提高格局，转换思维，激发和释放内生动力。

（一）线上教学期间

在 2020 年春夏学期，受客观因素影响，正常线下教学不能如期进行。我们以“超星学习通”“腾讯会议”和 QQ 群等为媒介和平台，利用网络资源共享优势及信息传输反馈的便捷，链接身处不同地域的师生、朋辈和业内专家，开展线上教学活动；在延续以往的小组学习、专题研讨和翻转课堂等方式外，重点从以下三方面优化。

---

① 《大中小学劳动教育指导纲要（试行）》，《教育科学论坛》2020 年第 24 期，第 3-11 页。

② 肖雄：《新生研讨课的由来、特征及教育价值》，《长沙大学学报》2019 年第 33 卷第 6 期，第 144-148 页。

1. 学会学习：翻转课堂+自组织

为了让大一新生深度参与研讨，将“教师导学”与“学生研学”相结合，在“用以致学”中实现“学用融合”，真正学会学习①。授课教师选择并围绕“非晶态材料”这一主题，以该领域专家访谈（W.L. Johnson，美国科学院院士）②和综述（汪卫华，中国科学院院士）③为指引，对概念进行必要的阐述，引导学生产生疑问和兴趣，自组学习共同体，选择并确定分享主题。“学生研学”采用翻转课堂模式（Flipped Class Model），强调以学生为主体，将课堂教学的组织和主持交由学生负责。学生自行查阅资料，整合信息，形成报告，在课堂上陈述并分享感悟，质疑评价总结回顾。

上述模式将授课教师从照本宣科的重复劳动中解放出来，有更多时间和精力去思考如何营造接近真实、深度合作和沉浸式的学习情境，通过评价建议和反馈激励推动深度高效学习、发掘学生内在潜能并进行适时调控，来保障和提升教学质量。对于新生而言，自组织模式赋予其学习主动权，可以针对自身特点确定并调整个性化学习方案和策略，实现高效的知识建构。此外，学生担任课堂助理，承担对接嘉宾、主持分享以及整理纪要等多项任务，锻炼和强化了表达、沟通和思辨能力；尝试运用专业思维和知识分析讨论问题，树立了专业认同和服务意识，从而激发专业学习欲望与动力④。

2. 朋辈引导：言传身教，授之以渔

互联网通信技术的飞速发展虽然使不同地域间对话更加畅通便捷，但是无法在短时间内消除传统教育模式下形成的师生身份和思维方式的差异隔阂。线上教学期间，本课程将业内专家、企业导师和朋辈学长引

① 赵丽敏：《新生研讨课教学内容设计与教学质量提升探究》，《高教论坛》2018 年第 5 期，第 23-26 页。

② William L. Johnson: Is metallic glass poised to come of age, Nature Materials, 2015(14): 553-555.

③ 汪卫华：《非晶合金材料科学前沿论坛专题·编者按》，《中国科学：物理学 力学 天文学》2020 年第 50 卷第 6 期。

④ 张文雪、刘俊霞、张佐：《新生研讨课的教学理念与实践》，《高等工程教育研究》2005 年第 6 期，第 107-109 页。

入课堂，构建相对平等开放独立、如同学习共同体般的多元人际关系，通过类似朋友般的分享和交谈，营造轻松而蕴含哲理的学习氛围，从学习方式、专业选择、学科竞赛、就业方向和生涯规划等各方面，为新生提供了引导和建议。例如，朋辈学长通过自身的经历，引导学生深入思考自身知识能力及行业发展，明晰专业认知，理性判断“专业方向是否适合志趣”，减轻专业分流的选择焦虑。

本课程还以“成分设计和制备工艺”“组织结构和服役性能”和“应用前景和发展局限”等特定主题为牵引，运用并突破现有知识和经验，大胆探讨“神奇材料”的开发应用及实施途径。在此过程中，授课教师、业内专家、企业导师以及朋辈学长所分享的成长和从业经历，使大一新生在增强专业认知和明确人生规划方面，起到了必需且重要的借鉴引导作用。

3. 迭代升级：基于学习产出的教育模式

根据学情统计分析，受传统“唯分数论”教学模式影响，大多数新生将“考研、考证、考公务员或者找一份好工作”等作为学习目标，人生动机与如何规划并不明确。基于学习产出（Outcome Based Education，OBE）教育模式，“学到了什么”和“是否成功”远比“怎样学习”和“什么时候学习”重要。因此，新生研讨课旨在助学生“导航专业学习与发展规划，激发学习与研究兴趣”，进行开阔视野、问题导向的探究性学习[①]。

大量教学实践表明，主动输出比被动输入更有效率。要对学生大胆赋权，遴选“意见领袖”和“志愿者”参与教学活动的策划和实施；根据自身需求和关注点，策划组织第二课堂。比如：“神奇的非晶态材料”学术兴趣小组在另一平行班级（“金属材料的过去、现在和未来”）就“非晶/高熵合金”和“相变材料”进行主题分享和研讨；此外，听取“朋辈导师”和“意见领袖”的建议，以“材料类女生专业选择及就业线上座谈”为特定主题，女生志愿者自发分工协作，利用课余时间组织策划，邀请嘉宾、推广宣传、主持活动、安排人员签到、撰写报道并在公众号推广。

由于学生经验欠缺，项目执行难免存在不足，例如：关键词理解错误导致选题偏离、活动录制时音频文件丢失、PPT 制作不能够清晰地表

① 姚梅林、郭芳芳：《服务学习在中国：现实需要与推进策略》，《北京师范大学学报（社会科学版）》2015 年第 3 期，第 51-58 页。

达自身观点，等等。学生在陈述和互评中反躬自省，在倾听和研讨中借鉴启发，在不断试错中取长补短和迭代升级，从笨拙到熟练，从茫然到自信，技能和经验渐趋完善，认识和思考不断深化。

（二）线下教学期间

在2021年春夏学期引入服务性学习，既符合新生研讨课的主旨，也承载了劳动教育中“树德”“增智”“育美”的功能。不局限于课堂和特定年级，为学生创设了“走出舒适圈、挑战自我、融入新环境”的绝佳机会。同步推进课堂教学与课外实践，将课业学习与社会服务有机融合。教师指导学生有组织地开展服务，引导有目的、有计划的反思，促进知识的拓展与各项能力的提升，塑造社会责任感和团队协作意识；充分利用校内外资源，使服务者与被服务者双向受益，对个人及社会均具有积极价值。[①]以下从项目设计与开展、成效评价与反馈和存在问题的改进建议等三个方面详细阐述服务性学习的设计与教学实践。

1. 项目设计与开展

服务性学习具有服务、学习和反思三个本质特征[②]，项目实施包括前期设计策划、中期服务体验、后期总结反思三个阶段，又可细分为计划、设计、执行、反思四个步骤。图1为本课程中服务性学习的实施流程。首先结合课程目标，在掌握学情的前提下评估和学习需求；其次，基于学校资源和学生意愿，明确可服务对象，设计了“专业宣讲”“研学体验”“课堂助理”“学术讲座”“结课典礼”和“场馆参观”等个性化项目；而后，由学生自行组队，选择并实施项目制学习，在服务他人的过程中内化知识，提升技能，培育情怀，磨砺意志，塑造品格，建立专业认同；最后，通过思维导图、问卷调查、信函回访、经验分享、教师点评和生生互评等方式展开反思，认知自我，树立目标，形成人生规划。

表1列出了近年来围绕新生研讨课开展的服务性学习项目的目标、

① 成正兴：《大学生思想政治教育路径选择——基于服务学习模式》，《鄂州大学学报》2015年第22卷第12期，第82-85页。

② 丁宜丽：《新生研讨课：美国本科教育的特色课程》，《中国大学教育》2005年第8期，第58-59页。

内容及意义。如表 1 所示，本课程以学生为服务对象和主体，组织完成各项课内外学习和社会公益活动，达到了一定的成果输出和意义反思。比如，在学术讲座和专业宣讲等活动中，学生主动对接朋辈、校友和企业导师、商定讲座流程和分享主题；在研学体验活动中，学生策划并落实路线流程、体验环节，精心组织，全程陪伴；在师生角色互换的“翻转课堂”中，学生担当课堂助理，确定研讨专题，主持互动和评价环节；在服务于“结课典礼”的纪念品制作项目里，学生查阅专业文献，设计材料成分，独立自主操作设备，制备和加工样件。上述各类个性化项目均体现和落实了服务性劳动教育中“服务中学习，反思后改进”的理念。

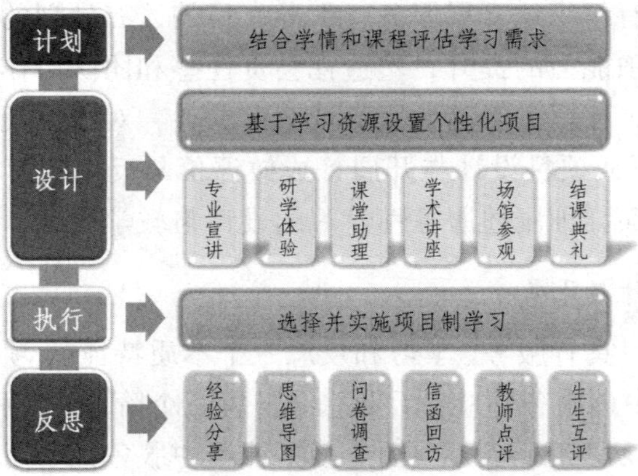

图 1　本课程线下教学期间服务性学习的实施流程

表 1　服务性学习项目的对象、内容及完成情况

题目	服务对象	项目内容	成果输出及活动意义
场馆参观	对实验室感兴趣的中学生、大学生	近距离接触专业实验室的仪器设备和科研成果	了解和体会到科学实践的严谨细致、行之不易，获得超越课本的学术知识，领悟到科研的神奇魅力
专业宣讲	面临专业分流的大一新生	从研究方向、师资力量、人才培养、就业前景等方面深入了解材料类各专业	减少专业分流的迷茫，一定程度上了解了专业分流及分流后的去向，对未来树立更清晰的目标
研学体验	中学生	参观大学校园和各专业实验室，观摩学科竞赛，了解校情和专业	提供给中学生提前感受大学生活和科创魅力的机会；激发本科生学习热情，使其勇于实践，用以致学，增强社会责任感

续表

题目	服务对象	项目内容	成果输出及活动意义
结课典礼	教学班全体师生和朋辈导师	邀请嘉宾，回顾本期课程、评选课程之星，主持典礼并颁发奖杯，进行新闻报道	学生组织协调、交流沟通和归纳总结等各项能力的综合考验，服务他人，成就自我
课堂助理	教学班全体师生	组织课堂教学、主持分享以及整理课堂纪要	锻炼和强化了学生表达、沟通和思辨能力，树立了专业认同和服务意识
学术讲座	学术汇报老师及学术内容感兴趣的师生	近距离接触社会精英和企业领军人才	增进了不同年级间的互动交融和思维碰撞，扩宽了知识面和受益面
纪念品制作	课程之星和受邀嘉宾	查阅文献，设计成分，购买原料，制作样件	了解稀土基金属玻璃制备加工流程，进入专业实验室，操作高端设备

三、考核方式及教学成效

（一）线上教学期间

为体现分类和全面发展的理念，尽可能尊重学生意愿，重视参与程度、专业认同和学习志趣，授课教师加强过程考核，重点考察对专业知识的探究欲望、对大学生活的明确规划、综合能力提升和行为思维转换情况。在2020年春夏学期，听取朋辈和学生意见，充分进行沟通交流，采用多元考核方式并设定了自选定制任务，如信函回访、专题分享以及结课典礼。

图2为本课程线上教学期间的考核方式和拟达成教学成效。如图2所示，考核内容包括思维导图、专题研讨、互动出勤和自选定制任务四项。其中，思维导图占比20%，要求课后独立完成，小组汇总后在当日晚上12点前提交，从中遴选出优秀范例，上传QQ群公开展示；专题研讨占比 30%，由各组根据选择和确定的主题，课前进行资料获取、PPT制作等工作，在课堂上进行交流分享；互动出勤占比20%，包括签到、提问发言、反馈建议、课程辅助等体现课程参与和服务事项；自选定制

任务占比 30%，包括信函回访、专题分享和结课典礼。信函回访一方面可增进大一新生与朋辈导师之间的了解，建立长期联系；另一方面也可促进其自我反思，体味他人学习、处事和为人之道。根据反馈，大部分学生基于研讨主题进行了深层次的思考，主要问题集中在“专业选择迷茫、社团活动及学科竞赛与学习间冲突、是否考研、何时进入课题组”等方面。而朋辈导师乐意并耐心就“学习、专业、生活及人生”进行解读和释疑，回复的核心思想则紧扣“学无止境”，即在已有能力范围内巩固旧知识并拓展新知识。

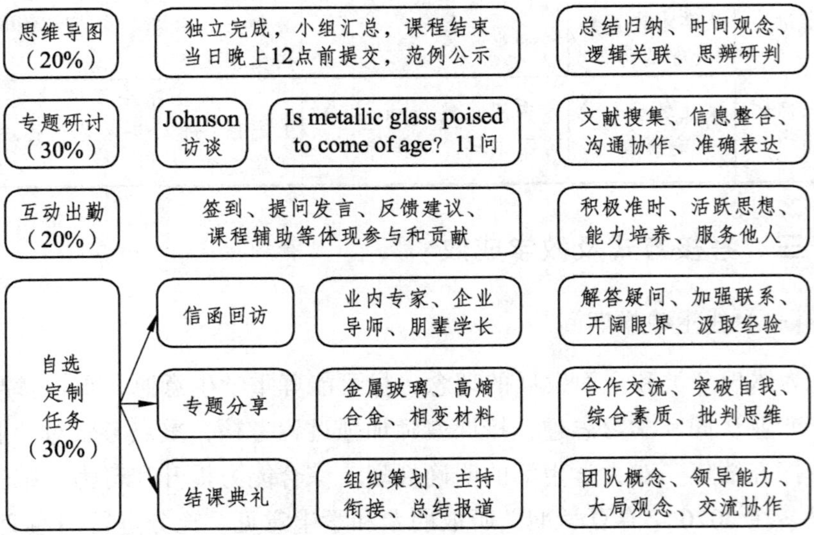

图 2　本课程线上教学期间的考核方式和拟达成教学成效

专题分享即在平行班级间进行主题“PK”，是个人综合能力和素养的试金石。针对未来答辩、工作汇报等而言，“如何进行准确、简洁、明白的表述”不可或缺，具有一定的挑战性。学生要针对专题进行分析，主动探寻知识获取途径，提前阅读专业论文和文献，审慎地筛选契合专题主旨的信息，进行有条理的概括陈述。在此过程中，辩证和批判思维得到着重培养和强化。

结课典礼的自组织，不仅是对本课程的集中回顾，更是对组织协调、交流沟通和归纳总结等各项能力的综合考验，从组织人员、联系嘉宾到分配工作，从提出、讨论到审定方案，再到活动开展和报道回顾，学生们彼此配合，增进了解、检验能力短板，突破自我，借鉴提升。

现代高等教育更加重视自我能力检验和自我价值的体现。新生研讨课有助于新生认知自我，明确未来方向；新生们通过查阅教材文献，接触并掌握材料专业基本概念，建立理论知识、工程应用及与其他学科之间的关联，逐步形成专业认知和生涯规划，指引其大学后续发展。在上所提及的多项自组织活动中，学生组成学习共同体，展开团队协作和实践操练，增进理解信任，展示自我，相互借鉴，统一观念，保证任务按时顺利完成。[①]

比如，在专题研讨环节中，各学习小组研习讨论，互评自评，彼此思维碰撞，思辨能力得到极大锻炼。[②]此外，在朋辈导师的引导下，各小组提前体验了学术探讨的乐趣，走出了“为高薪而学”的误区，奠定了“终身学习”的信念。学习方式从“单一的课堂听讲”向“多渠道获取知识”转变，“主动求索”“深入科学研究”的兴趣得以被成功激发，多名同学积极参与并申报了大学生科研创新、工程训练、重点实验室开放等项目。

根据问卷调查反馈，参与本课程中的 73.1%的同学认为课程设计形式新颖，有助于自主学习习惯的养成；65.4%的同学以极大的热情主动选择任务并积极完成，其余同学能按时完成由组长分配的任务；73.1%的同学认同朋辈导师的经验分享有助于消除对未来选择的迷茫；57.7%的同学认为自己更敢于表达观点；84.6%的同学认为自己懂得了“为何学习、如何学习、学习什么”，并为大学四年制定了初步的学习规划。

（二）线下教学期间

图 3 为本课程线下教学期间考核比例及针对“服务性学习”的问卷调查结果。如图 3（a）所示，在 2021 年春夏学期的新生研讨课中，服

① 喻凯、黄新河、李萍：《本科新生研讨课〈遗传密码——生命与自然〉的教学实践探索》，《高教论坛》2017 年第 2 期，第 21-22、27 页。

② 陈乐：《密涅瓦大学：引领未来高等教育》，《比较教育研究》2016 年第 10 期，第 59-64 页。

务性学习在课程考核中不可或缺，占比 20 %，着重关注目标达成和总结反思。师生作为学习共同体，见证了彼此的成长；通过展示和分享，反思不足和缺点，总结收获和感悟，提高了学习的仪式感和获得感。绝大部分学生能积极参与，分工协作，在视频日志（vlog）、思维导图和专题研讨中表现出思维转换和主动求变，充分地契合了“用中学”与“学中乐”的理念。

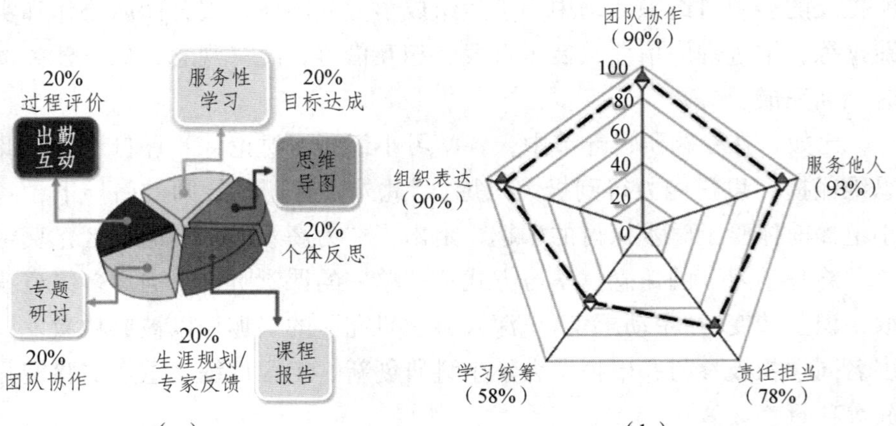

图 3　本课程线下教学期间的考核比例及针对“服务性学习”的问卷调查结果

图 3（b）为针对“服务性学习”开展的问卷调查结果。结果表明：学生认可通过服务性学习，在“团队协作（90%）、服务他人（93%）和组织表达（91%）”等方面提升更为显著；89%的学生清楚地知晓服务对象和项目内容；90%的学生认为服务性学习有效地增进了同学及师生间的交流与互动；76.7%的学生能主动积极地参加服务性学习，其中 32%的学生参加了 3 次及以上服务性学习；67%的学生认为服务性学习能够增强专业了解并提升能力；57%学生明确提出了改进建议和提升意见。

四、问题反馈与改进建议

（一）问题反馈

“新工科”强调学科的实用性、交叉性与综合性。师生希望从高校到社会，从理论到实践，从教育到应用，以立德树人为引领，以应对变化、塑造未来为建设理念，以继承与创新、交叉与融合、协调与共享为主要途径，培养未来多元化、创新型卓越工程人才，实现教育的优化改革。在线上教学期间，本课程虽然采取各种创新途径贯彻上述理念，有效推动了学生成长进步，但是不可避免存在以下局限。

首先，线下实践受限。线上教学消除了地理限制，推动师生各方互动沟通，但仍无法弥补线下实践的缺失。作为一种有效学习输出途径，理论付诸实践能重复巩固以往所学，增强记忆与理解，激发创造性思维。部分学生的服务和主体意识淡薄，参与活动的主观能动性有待充分调动。

其次，学习项目设计难度较高。好的学习项目有利于教学质量的提高。受制于专业基础薄弱、知识面窄、学时极其有限等客观因素，若偏重于专业概念和基础知识的讲述，则无法体现“导航指引、激发兴趣”的课程主旨，难以调动新生的学习积极性，实现自组织主动学习。

（二）改进建议

1. 应挑选优质在线学习平台

长远来看，线上教育与远程办公并非应急方案，必定逐渐成为未来工作与生活中的新常态。目前，各类在线学习平台如雨后春笋般蓬勃发展，目不暇接。若要更大限度地发挥线上教育的优势，各高校须从中优选或整合构建出统一兼容的网上学习系统，尚需耗费数年以磨合升级。以密涅瓦大学的 Forum 平台为例，自建立以来，就以打造高效的学习环境为目的，并一直根据学生反馈更新功能，帮助优化教授和学生的体验。

2. 线上线下教学互补

线上和线下教学各有优势和缺陷，必须将两者巧妙融合，取长补短。线上教学具有如下优势：无地域阻隔、出勤率得到保证、作业提交批改便利、师生沟通交流更频繁等。线下教学的优势也显而易见，不可替代：多人教室独有的学术氛围、面对面的情感表达、作业质量得到保证等。可增设一定的奖励机制（“课程之星”或外出考察），提高参与度，推动学生自主地参与并投入服务性学习，在深度体验中自觉优化提升，增强社会责任感。在保持传统线下教育的同时，利用线上无地域阻隔的优势，高校间可以进行活动互通，实现资源共享。

3. 合理设计服务性项目，优化评价反馈体系

应考虑学情和难度，以不影响学生的正常学业为前提，留足缓冲期，避免占用过多课外时间。充分考虑学习项目的个性化、多样性、时效性和可行性。一方面，前期对学生进行必要的引导和培训，循序渐进，使其熟悉项目内容、服务对象和实施流程。另一方面，优化评价机制，基于学生自评、生生互评、社会反馈等三个层面开展互动式评价，建立全方位评价体系，合理打分，有助于对学生全面发展情况进行有效评价。

4. 关注后续学习过程

新生研讨课的初衷并非向学生传授具体的专业知识，而是让学生学会“提升自我认知，主动获取经验，灵活运用技能和工具，培育跨学科思维，构建有深度和广度的知识体系”，同时努力锻炼“批判性思维”“创造性思考”“有效沟通”“有效互动”等四类核心能力，此外还有引导学生及时反馈总结，充分调动朋辈、校友、专业教师、企业导师等人脉资源，引入校企协同育人机制，增强专业关联和学科交叉，加强课程与学工、社团与社群之间的联系，让学生真正实现“走出去”，达成服务项目与真实需求的无缝对接，实现学校教育和社会管理的合理衔接，为学生发展提供更多的成长机遇，搭建长期的社会实践保障平台。

仅通过半年小班研讨远不够达到上述目标，思维转变和潜能发掘需要更长时间，上述理念的实施效用需要长期关注和验证，以便进行调整和优化。应组建学生创新中心，开放第二、三课堂，为学生提供更多组织活动的线下实践机会。

五、服务性学习的推广价值和反馈建议

服务性学习起源于美国 20 世纪 60 年代的志愿服务者活动，其产生背景为学生不满足于当时“象牙塔”式的教学模式，强烈要求提高学校教育模式的社会相关性。服务性学习在 1969 年于亚特兰大召开的第一届

服务性学习的学术会议中被定义为"将完成一项需要的任务同教育成长结合起来的教育方法"，其也可被视为一种经验教育理念，即通过有计划地安排社会服务活动与结构化设计的反思过程，完成被服务者的目标需求，并促进服务者的学习与发展。

鉴于服务性学习在新生研讨课程中教学实践的有效性，笔者尝试探究该教学模式的推广价值及可行性。

（一）推动劳动教育进程

《关于全面加强新时代大中小学劳动教育的意见》指出，'普通高等学校要明确劳动教育主要依托课程""要组织学生走向社会、以校外劳动锻炼为主"。反观现状，劳动教育还存在重视程度不够、内容不实、评价考核体系不健全、制度不完善等问题。高校多把志愿服务、社会实践和勤工俭学等第二课堂活动作为开展劳动教育的手段。以常见的暑期"三下乡"为例，由学生提供照片、小论文等作为完成证明，其实践性和有效性无法考核。此外，第二课堂活动没有考核激励和反馈机制，学生以"形式完成"和"获得学分"为目的，"两性一度"（高阶性、创新性和挑战度）和课程思政无法体现。

基于"劳动"和"服务"存在某种共性特质，服务性学习可将"第一课堂"（课内学术）的专业性和"第二、三课堂"（课外活动）的社会实践性适度融合，在"服务"中"学习"，将理论与实践有机整合、紧密关联，以此作为新时期劳动教育的主要形式和有力载体，为当前劳动教育的落地和考评提供有效对策和可靠依据，大力推动劳动教育在普通高等学校中的实施进程。由此可见，将服务性学习作为劳动教育的载体，可以较大程度地避免步入"以劳动本身作为目的、把体验绝对化"的误区。

此外，有关"劳动教育"的达成度，教育部门均尚未出台具体办法，部分高校虽然制订了考核办法，但是机制不健全或流于形式。而基于项目式学习（Project Based Learning，PBL）理念，服务性学习项目完全可纳入课程成绩考核指标。服务性学习项目具有综合性、多元化、全面性等特质，有迹可循，着重考核过程、时效和实绩，具有重大的参考和借鉴价值。

（二）促进学生有效学习

不同于传统课堂的实践教学模式，服务性学习项目能够挑战学生的思维和能力，引起学生知识、思想或信仰的改变。作为考核内容，该项目可激励学生有意识地接受挑战，其越投入挑战，其教育效果就越好。在设计服务性学习项目时，教师有意识地选择对大一新生包容性强的环境，充分考虑“兴趣和动机”，营造真实性学习情境，引导其“躬身入局”“知行合一”；学生可以选择个性化项目，大胆试错和探索，在主动实践中达成课程目标。以“课堂助理”为例，大多数学生能坦然接受挑战，努力完成教师赋予的教学任务；作为被服务对象，其他同学和老师则予以支持肯定、包容理解与积极配合，委婉地指出不足，有针对性地给出改进建议。

此外，服务性学习鼓励积极地开展真实性学习，促进学生发展出问题识别、批判性思维、证据评估、替代性想法、容忍不同看法等思维能力。服务性学习大多以合作形式展开，需要学生间、师生间以及服务与被服务者间进行交互。这种涉及他人的学习过程，可以培养学生在观点间交锋、面临群体中不同的价值观、态度和行为时，做出决定或选择（接受和拒绝）的能力。以“研学体验”项目为例，学生招募项目成员，分工协作，讨论并确定策划方案和活动流程，很好地考验了统筹协调、容忍不同看法和团队分工等合作必需能力；研学体验安排紧凑，“被服务者”多为心智尚未完全成熟的初中生，实施过程难免出现意外状况，这极大地考验了“服务者”的随机应变和心理承压能力，体现了服务性学习的真实性学习特点。

梅休等学者指出，为学生提供“反思的机会”对有效教学和有效学习至关重要。服务性学习中独具特色的反思阶段能够给学生时间来连接所学知识和真实体验，产生有意义的学习。以“结课典礼”项目为例，在“策划团队”的主持引导下，师生对课程进行集体回顾，反思不足和总结经验。同学们结合自身经历参选“课程之星”，再经由全体师生票选确定获奖者，当场颁发“奖杯”和“纪念品”。通过集体回顾和“课程之星”评选对本学期服务性学习项目进行复盘和观摩，学生以观察者的视角复盘和审视学习过程中的得失，从中提炼出有价值的部分，实现有效学习。

特伦齐尼提出了判断“以学生为中心”本科教育工作有效性的一个参考框架，包括六个基本特征：适度挑战学生、让学生积极应对挑战、提供支持性环境、鼓励积极的真实性学习、有他人参与、倡导积极反思。毫无疑问，服务性学习显然符合该框架的六个特征。

（三）贯彻课程思政

专业课程教学是课程思政的最主要依托，必须坚持知识传授和价值引领，坚持显性教育和隐性教育相统一。构建全员、全程、全方位的育人格局，把思政元素融入各类课程，使“各类课程与思想政治理论课同向同行，形成协同效应”。

劳动教育天然契合课程思政，有助于学生树立正确的劳动价值观，使学生热爱劳动、热爱劳动人民及尊重他人劳动果实。作为劳动教育的可行的开展路径，服务性学习蕴含着丰富的思政元素。比如，场馆参观、结课典礼、课堂助理等个性化项目均培养了学生的主体意识，学生通过换位共情，在一定程度上能理解和体谅教师的辛劳和付出，进而融洽师生关系，形成学习共同体。

卡尔·马克思在《关于费尔巴哈的提纲》中指出，人的本质是一切社会关系的总和，所以人的全面发展的教育即正确处理人的社会关系总和的教育。服务性学习是学生与社会进行交互的有效途径，能够弥补我国高等教育院校在联系社会、服务社区方面的空缺。

换而言之，服务性学习可促进学生个人及人际关系的发展，提升获取知识与实务应用，培养批判思考与问题解决能力，唤醒学生的公民意识及参与公共事务的意识，实现高校人才的社会化。

（四）服务性学习的推广可行性

就目前而言，在普通高等学校所有专业课程中全面推行服务性学习模式不具备可行性。当然，在有教学时数保证的社会工作教育中可以尝试推广，其实际运用效用和所获得的经验都可为其他学科将来的改革提供借鉴。服务性学习的社会相关性使其在人文社会科学类课程中的开展颇具可行性，教师可以较为轻松地设计出与专业课程相关的服务性学习内容，学生也能在服务性学习中得到与本专业相关的、除体验外的成长。然而，服务性学习在工科类课程的教学实践与应用却鲜见文献研讨。

材料类新生研讨课的教学实践表明，相较于人文社科类课程，在工科课程中较难将相关教学内容与社会实践环节结合，大多数专业相关性仅体现在运用基本概念简单解读问题，而极难获得新的知识技能，创造深层次的学习体验。在本门课程教学实践的课后反馈中，学生也提出了增强服务性学习与专业关联性的需求。实践表明，“筹办学术讲座”不失为上述问题的一种有效解决思路。在邀请主讲人、确定主题、联系和接待与会者、报道宣传的过程中，学生不仅能精进表达和社交能力，还可以通过自主提前预习、主讲者的现场讲解和引导，达成“系统性获取新专业知识”的目的。

六、结　语

新工科背景下的教学实践表明：将“翻转课堂”“自组织”和“朋辈引导”等多种模式与线上教学融合，有力地推动了材料类新生的思维转变和自身潜能发掘，获得了高质量服务学习输出。同时，新生研讨课的“激发效应”如何持续发酵，对于专业选择及大学四年发展产生何种影响，能否推动新生践行“主动塑造世界”的新工科理念，尚有待关注追踪和深入研究。

此外，从劳动教育的视角来看，在材料类新生研讨课中开展服务性学习具有重大的现实意义。今后，课程设计者可以继续借鉴和吸纳经验，有意识地将劳动教育、服务性学习、专业认知和思政元素有机地融合起来，做到在获得实践经验的同时，还能兼顾深层次的专业学习。同时，强调个性化和实践性的服务性学习，可能是高校劳动教育的一种施行路径。

如何开展有效评价和充分反馈？以何方式将其与工科课程相结合，在多大程度上可以获得教学成效关联和回馈社会的较优解？如何进一步开展和推广服务性学习？都可作为今后深入探讨的研究课题。

参考文献

[1] 大中小学劳动教育指导纲要（试行）[J]. 教育科学论坛，2020（24）：3-11.

[2] 肖雄. 新生研讨课的由来、特征及教育价值[J]. 长沙大学学报，2019，33（6）：144-148.

[3] 赵丽敏. 新生研讨课教学内容设计与教学质量提升探究[J]. 高教论坛，2018（5）：23-26.

[4] WILLIAM L JOHNSON. Is metallic glass poised to come of age[J]. Nature Materials，2015（14）：553-555.

[5] 汪卫华. 非晶合金材料科学前沿论坛专题·编者按[J]. 中国科学：物理学 力学 天文学，2020，50（6）.

[6] 张文雪，刘俊霞，张佐. 新生研讨课的教学理念与实践[J]. 高等工程教育研究，2005（6）：107-109.

[7] 姚梅林，郭芳芳. 服务学习在中国：现实需要与推进策略[J]. 北京师范大学学报（社会科学版），2015（3）：51-58.

[8] 成正兴. 大学生思想政治教育路径选择——基于服务学习模式[J]. 鄂州大学学报，2015，22（12）：82-85.

[9] 丁宜丽. 新生研讨课：美国本科教育的特色课程[J]. 中国大学教育，2005（8）：58-59.

[10] 喻凯，黄新河，李萍. 本科新生研讨课《遗传密码——生命与自然》的教学实践探索[J]. 高教论坛，2017（2）：21-22，27.

[11] 陈乐. 密涅瓦大学：引领未来高等教育[J]. 比较教育研究，2016（10）：59-64.
[12] 裴晶晶，袁雷，李学恒，等. 美国服务学习理论视域下高校体育专业育人模式创新研究[J]. 黑龙江高教研究，2019，37（07）：95-100.
[13] 游柱然. 论美国高校服务学习的起源与发展[J]. 湖南师范大学教育科学学报，2009，8（3）：61-64.
[14] 关于全面加强新时代大中小学劳动教育的意见[J]. 职业技术教育，2021，42（3）：67.
[15] 谭晓华. 新工科背景下高校劳动教育现状与对策[J]. 西部素质教育，2021，7（2）：65-66.
[16] 特伦齐尼，赵炬明. 重新思考学生的有效学习体验：一个工作框架[J]. 中国高教研究，2021（6）：41-43.
[17] 中共中央办公厅、国务院办公厅印发《关于深化新时代教育督导体制机制改革的意见》[J]. 教育科学论坛，2020（12）：3-6.
[18] 赵翼. 基于课程思政的劳动教育：价值、问题与实现路径[J]. 教育观察，2021，10（23）54-58.
[19] 章立明. 论服务学习现状及其在社会工作专业硕士培养中的运用前景[J]. 昆明学院学报，2018，40（1）：122-126.

小插花 大文化

——插花艺术教学探索与实践

王绍茹　陈海堰　郑　江

【摘　要】针对高校插花艺术教学中普遍存在的问题，作者在插花艺术通识课程建设中进行了一系列有效的改革与实践。教学内容突出“中华传统插花”课程特色，通过学习传统插花，了解中华优秀传统文化的博大精深，感受非遗项目的深邃意蕴，增强文化自信；课程增加了的插花实践项目，增强美学体验的同时也提高了学生动手能力；课程尝试多样化的教学方法和教学手段，进一步深化教学成果；完善美育育人格局，完善全员育人格局。课程在近6年的教学实践中不断探索优化，深受学校、同学、社会的好评。

【关键词】通识课程；插花实践；插花艺术；传统插花

近年来，通识教育理念广泛传播，高等院校的教育教学工作也从专业人才培养向综合素质、终身发展和健全人格的人才培养方向转变。通过实施通识教育，向学生传递迄今为止人类关于物质生活和精神生活各个领域的优秀文化和文明成果，引导学生获得对世界与人生本质意义的广泛而全面的理解，帮助学生形成开阔的视野、健全的心智和完整的人格，找到与自身禀赋相匹配的爱好和兴趣，激发学生探求真

基金项目：西南交通大学 2019 年本科教育教学研究与改革项目“美学育人”之插花艺术“微课程建设”（编号：1904045）。

作者简介：王绍茹，西南交通大学地球科学与环境工程学院讲师，硕士；研究方向：噪声污染控制、中华传统插花。
陈海堰，西南交通大学地球科学与环境工程学院讲师，硕士；研究方向：大气污染控制、中华传统插花。
郑江，西南交通大学校工会主席、副研究员；研究方向：高校教育管理。

理、追求卓越、超越先贤的精神与气魄，促进学生成长成才成人并使其终身受益。

西南交通大学是教育部直属全国重点大学，学校以工科见长。早在 1999 年，“插花艺术”就成为学校的选修课程。其后由于授课老师退休及上课条件所限，课程曾两度中断，2016 年再度开课。“插花艺术”课程旨在增加学生艺术体验、提高学生审美修养，是重要的通识教育课程。笔者针对西南交通大学选课学生学科涵盖面广、专业差异大的实际情况，结合插花艺术课程特点，对理论与实践教学进行了相应的改革与实践。

一、“插花艺术”课程教学中存在主要问题

1. 教学课时相对较少，教学难度大

“插花艺术”课程总学时为 16 ~ 32 学时，教学课时偏少要搞好插花艺术课程教学，既要系统讲授理论，又要进行实践操作，教学难度比较大，在实践过程中，常常在重理论还是重实践之间犹豫徘徊。

2. 实验内容特色不明显

此前受花卉市场交通不便、花卉品种单一、师资培训渠道少等条件限制，插花艺术课程实验内容设置不再符合现阶段教学目标。在培养学生尊重文化的多样性、重视历史文化的价值、传承和推动中华文化方面，插花艺术课程尤其具有优势。现阶段，插花艺术作为通识课程，应该着重于中华传统插花方面的教学。

3. 实验经费不足

动手插花，在美学体验中获得审美修养，是插花艺术课程很重要的环节。插花实验需要花器花剪花泥等工具耗材，需要一笔不小的启动资金。插花实验还需要购买鲜花，而鲜花售价较高，保鲜期又很短，每次实验都要重新购买花材，总费用也不少。想要增大实验课比例、扩充实验课内容，实验经费不足仍是主要的限制因素。

4. 缺乏深化教学效果的措施

受限于教学课时，理论教学仅限于基础知识．每次的插花实践也是基于某些花材的某种风格的某种形式的 1 次插花体验。课程学习后只能算是刚刚入门，离插花艺术还有很远的距离。

二、工科专业“插花艺术”通识课程教学探索与实践

针对以上问题，为了切实贯彻通识教育的理念，深化课程教学效果，笔者提出了插花艺术课程实验教学改革的思路并加以实践，取得了不错的成效。

1. 增加实验课时，提高动手能力，强化学习效果

插花艺术课程必须配合有插花实践才能取得较好的教学效果。为此，必须增大实验教学的比例，加强实验教学环节。笔者参照自身学习经验及国内其他大学相关课程课时安排,将实验课时设置为课程总学时的 1/2 以上。每学期总共设置如下 7 个插花实践，课程设置结合了插花艺术的基础知识，中、西花艺的特点及生活花艺的简单应用等内容，尽可能地在有限的课时内完成基础插花艺术的入门导引。

实践 1　节日快乐！——圆形桌花（西式插花体验）。
实践 2　祝福你！——螺旋花束（生活花艺）。
实践 3　谦谦君子风——盘花直立型（中式插花体验）。
实践 4　优雅“枝”态——盘花倾斜型（中式插花体验）。
实践 5　一池春水——盘花平铺型（中式插花体验）。
实践 6　线条美——线条造型花（造型插花体验）。
实践 7　盒子里的秘密——自然花盒（生活花艺）。

2. 短学期授课，加强理论教授和插花实践的有机结合

插花艺术课程为 32 个学时，一次插花实践大约 2 小时（3 学时）。如果按照通常课程每周 2 个学时来执行的话，非常不好安排。因此插花艺术课程改为短学期授课，一学期授课 8 周，每周 4 学时连堂授课。每次课程先学习理论，然后进行插花实践，时长灵活可调，完美配合。

3. 优化课程设置及实验内容，突出“传统插花”课程特色

为了让学生全面了解不同风格插花的特点，课程理论涵盖西方传统插花、东方传统插花（中华传统插花、日本传统插花）。其间也穿插插花基础理论、典型花型技术要点、花材搭配、花材处理等基础知识。

在实验内容设置中，考虑到学生大都是毫无基础的工科生，特别设置“实践1圆形桌花（西方传统插花）”。该花型容易掌握，让初学插花的学生有满满的成就感，有助于提高其学习兴趣。为了让同学们掌握实用的插花技能，设置了实践2花束和实践7花盒，课后可以学以致用。通过实践6，检查学生经过理论学习和多次插花实践后的创作能力。

课程重难点在于中华传统插花（实践3、4、5）。2008年6月14日，国务院发布了第二批国家级非物质文化遗产名录，传统插花与扬派盆景技艺、徽派盆景技艺、英石假山盆景技艺、洛阳牡丹花会同批入选。学生通过理论及实践学习，可了解中华传统插花的发展及传播，了解传统文化，爱上传统文化，增强民族自豪感及民族自信，完美达成通识课程的教学目的。

4. 节省实验经费，开源仍需节流

插花实验需要花器、花剪等器具，可以通过申请课程建设费用来解决，后期加强管理，减少损耗。

每次实践课的花材等消耗品可以通过以下手段节省开支：一是2人一组插花实践，既节省开支又能保证教学效果；二是就地取材，尽可能利用校园或当地随处可见的花材。在不影响校园绿化效果的前提下，本课程常常用到校园里泛滥的排草、八角金盘叶、伞草等；三是实践课程避免使用当前节日典型花材，如妇女节、母亲节的康乃馨，情人节的玫瑰等，这些时候花材价格非常高；四是再利用，有些花材如菊花、康乃馨等很耐插，如保养得当最少可观赏10天，可考虑在后续实验中再利用。

5. 理论讲解、当堂示范与插花实践相辅相成

课堂组织模式摒弃了传统的“填鸭式”纯理论教授方式，采取理论讲解、当堂示范、户外体验参观与插花实践相辅相成的多样化教学方法，

使课程教授更加系统和深入，学生在学习过程中由浅入深，融会贯通，达到较好的学习效果。同时，多样化的教学方法能有效提高学生的积极性，激发学生的参与感，引导学生更大限度地发挥自身的创造力。

6. 增加插花作品互评环节，相互学习，扩大学习成果

插花实践过程中，老师巡回随堂指导。作品完成后，再安排各组互相观摩互提意见，学习别组的优点，避免其缺点，提高自身的插花水平。所谓“三人行，必有我师焉”，每个学生的作品也许只有一两处或几处不当，但通过评鉴他人的作品，听取他人的意见，就能吸取更多的经验，扩大学习成果。同时，通过学生点评，老师可以检查学生掌握知识的程度，进行有针对性的教学。

7. 引导学生延伸学习，通过优秀的插花案例，提高学生的鉴赏能力

课程课时有限，每次的插花实践只能是基于某些花材的某种风格的某种形式的初次插花体验，作品不可避免表现得比较稚嫩。可收集丰富的插花案例资料，鼓励同学们走出去参观插花展览，提高同学们的鉴赏能力，激发其进一步学习的兴趣。当前网络信息发达，插花相关知识及图片视频林林总总,从中去选择一些对应的案例来为我所用也至关重要。为此教师需要先行一步进行仔细的分析和筛选，以提供给学生较为专业的书籍和案例，引导学生自发地深入延伸学习。

三、建议与设想

插花艺术既是素质教育课程，又是应用型课程。为了进一步提高插花艺术课程教学质量，今后应从以下几方面努力：① 授课教师需不断提高专业素质，多参加一些专业培训和较大规模的插花竞赛等。② 适当增加实训经费的投入，重视实验实训。条件允许的话，邀请从事花艺设计或鲜花店经营的优秀毕业生进行插花表演或点评学生插花作品。③鼓励有志于从事这方面职业的学生参加专业培训，考取插花职业资格证书。④建立插花工作室，增加课程容量，让更多的同学能参与学习，享受到通识美学教育，完善美育育人格局，完善全员育人格局。

参考文献

[1] 袁菊红. 多科性大学中插花艺术课程教学探索与实践[J]. 现代农业科技，2011，39（20）：12627-12628.

[2] 李林，唐世斌，林倩. 提高学生动手能力——插花艺术课程实验教学改革探索[J]. 高教论坛，2010（7）：66-67.

[3] 吴翊华. 通识教育理念下艺术教育与大学生人格完善[J]. 艺术教育，2018，335（19）：59-60.

[4] 夏晶晖. 应用型本科教学中插花艺术的探索[J]. 北方园艺 2011（9）：208-210.

[5] 黄玮婷，方中明. 知识更迭时代下“插花艺术”课程教学改革探索[J]. 科教导刊，2020（11）：123-124.

提高工程伦理通识课学习效果的混合式教学设计与实践

郭永春　肖　平

【摘　要】在介绍"工程伦理"线上线下混合式教学设计思路的基础上，详细说明了教学目标、教学组织、教学评价、教学资源、知识结构等关键教学环节的教学设计方法。针对线上线下混合式教学中的学习效果问题，重点介绍了线上、线下、实践等学习环节中学习质量的管理方法。"工程伦理"课程的教学实践表明，课程的教学设计是合理的，采用的各种教学方法能够促进学生对工程伦理知识的深度学习，能够起到提高学习质量的教学作用。

【关键词】学习效果；教学设计；混合式教学；通识课；工程伦理

由于工程教育认证、一流专业评估、国际化建设的需要，二程伦理素养的要求成为评估的基本指标，各个大学都在探索进行伦理素养培养的教学形式。在中国大学 MOOC 平台和学堂在线平台，已经十多所学校开设专门的"工程伦理"慕课（MOOC）课程。国务院学位办已经要求 2018 级及其以后的专业硕士研究生必修"工程伦理"课程，将工程伦理素养培养纳入培养计划之中。基于慕课课程开展线上线下混合式教学成为"工程伦理"课程一种常见的教学形式。

在第十一届"中国大学教学论坛"上，教育部高等教育司司长吴岩提出了建设五大"金课"目标，包括线下"金课"、线上"金课"、线上线下混合式"金课"、虚拟仿真"金课"和社会实践"金课"。其中线上课程主要是以慕课教学为代表，线下课程主要是以课堂教学为代表，如何将二者有机结合，形成线上线下混合式教学模式，尤其是慕课学习和

作者简介：郭永春，西南交通大学地球科学与环境工程学院副教授。
肖平，西南交通大学人文学院教授。

课堂教学学时的合理分配及其教学功能的合理划分还有学习效果评价等，是目前混合式课程建设中的难点和热点问题。

由于慕课课程的开放性，难于了解和管理学生对慕课内容的学习和掌握情况，是目前慕课教学实施的难点。同时，由于对线上线下混合式教学思想理解的不同，在进行课堂教学时常常出现学生课外看慕课，同时又要到教室全程上课的现象，占用了学生更多的学习时间，如何合理安排慕课学习与课堂教学的学时，并能有效地控制教学质量则是线上线下混合式教学设计与管理的难点。

“工程伦理”课程是西南交通大学的通识课程，选课学生来自各个专业、各个年级。如何综合各个工科专业的共性特征，即各个专业关于工程伦理的“最大公约数”，结合工程伦理特点，进行线上线下混合式教学的系统教学设计这些问题亟待研究。

结合长期的教学实践，我校进行了面向工科专业各个年级本科生开设“工程伦理”课程的探索和实践，利用西南交通大学构建的“工程伦理”慕课课程学习系统，经过任课教师的精心设计，在混合式教学实践中，总结出一套慕课课程的学习质量管理的技术方法，通过课堂讲解、慕课学习、现场实践、期末总结、思维导图记录等多样化的方式，形成了增量评价、过程评价、水平评价、总结评价相结合的多元化评价方法，达到了预期的教学目的和教学效果。

一、线上线下混合式教学的设计思路

西南交通大学“工程伦理”课程经过多年的建设，在本权课程质量建设体系基础上，在“课程目标”“教学形式”“多元评价”“教学资源”四个方面，形成了一套以学生为中心的“工程伦理”课程学习质量管理设计技术方法。

（一）课程目标的教学设计思路

在第十一届“中国大学教学论坛”上，吴岩提出了高阶性、创新性、挑战度，即“两性一度”的能力的培养目标，需要在具体的学习和练习中得到训练。“工程伦理”课程通过观摩慕课自学、课堂讨论、专题汇报、小组讨论、实践调研、总结报告等具体学习活动，培养学生应用工程伦理知识去发现问题、分析问题和解决问题的能力。

“工程伦理”课程坚持“以学生为中心”的学习理念。在具体的学习实践活动中，学生不断遇到新的问题，通过对事物进行分析、比较、评价、预测，锻炼批判性思维能力。在解决实践困惑的过程中，学生通过回答问题、进行决策、提出解决方案的训练，考虑问题及措施的合理性、可行性，进行具体问题具体分析，锻炼实践性思维能力，逐渐修正自身的理想化思维的局限性。在课程实践的过程中，学生直面具体的现实问题，在既有的知识素养的基础上，在不间断的思考与反思中，发挥想象力，创造性地解决生活中的问题。

（二）混合式教学形式设计思路

工程伦理采用慕课、课堂讨论、自主学习、实践调研等形式组成的线上线下混合式教学模式，在学堂在线、爱课程网等网络平台建设了“工程伦理”慕课课程，为参与学习的学生提供了网络化自主学习平台。

课程采用混合式教学模式，采用线上自学、线下讨论、实践调研等组成的综合教学模式。课程设置了一系列学习过程管理的测试量表，督促学生在学习的过程中对自己的学习进化程度进行实时评价，及时修正自己的认知偏差。

（三）多元化的评价设计思路

“工程伦理”课程采用增量评价、过程评价、水平评价、总结评价相结合的多元化评价方法，结合“工程伦理”课程具体情况，通过思维导图分享、周记表格、调研报告、期末总结等形式，引导学生进行自我评价。

通过工程伦理学习系统，学生的工程伦理意识得到系统的培养和训练。连续多次的工程伦理记录，也为学生分析自己伦理意识进化提供了基础资料，使之在学习过程中能真正看到自己的成长，学会思考，学会判断，检验课程知识的合理性和有效性，增强学生对工程伦理知识的信心和信任，并愿意在今后的学习工作中去实践。

（四）多样化教学资源的设计思路

参考已有文献，“工程伦理”课程的资源建设坚持以工程为核心，以服务学生工程伦理学习为目标，紧密围绕工科学生的学习背景和专业发展历程，搜集整理课程资源。

工科学生的专业化成长历程，首先是从学生阶段逐渐过渡到工程师阶段。教学资源的收集整理也围绕这条主线展开，为“工程伦理”课程提供了丰富的基础资料。

教学资源的建设第一部分是典型伦理问题，如道德和伦理的关系、电车难题、工程和伦理、法律和规范、利益相关方等资料，为学生形成深刻的工程伦理思想和思维方式提供资料。

第二部分是选取典型工程实例，如青藏铁路、成昆铁路、三峡工程、城市建设、地质灾害等方面的成功和失败案例，对应用工程伦理思维方法进行深入剖析。

第三部分是围绕学生学习活动中的工程伦理问题进行资源建设，如收集整理专业试验、野外实习、毕业论文等活动中涉及的工程伦理问题，如实验规范、工程规范、论文研究意义、伦理意义、论文撰写规范、学术道德、钻研精神、职业选择等。

可通过资料收集整理、人物访谈、课堂讲解、现场实录、案例剖析等形式将各种教学资源数字化、可视化。

二、关键教学环节的设计方法

（一）课程知识设计

“工程伦理”课程的知识设计充分考虑学生的工科背景和职业发展主线，重点介绍工程建设中的伦理问题，主要包括伦理学基础、工程伦理问题、工程师伦理问题、大学学习中的工程伦理问题四个部分内容，帮助学生建立工程伦理的基本知识结构框架。

伦理学基础主要介绍伦理学的基本概念，尤其是工程和伦理这两个核心概念。工程伦理问题主要从工程造福人类、工程的技术风险、道德选择难题等从工程的外部环境讨论工程伦理问题；工程师伦理主要从工程师的职业道德、行业规范、团结协作、精益求精等角度讨论工程师的工程伦理问题。大学学习中的工程伦理问题是紧密结合工科大学生的现状，应用工程伦理学的理论分析大学生的毕业论文、实验规范、工作态度等活动中的工程伦理问题。

“工程伦理”课程知识的选择以工程为主线，应用伦理学原理去分析工程中的伦理问题，使工科学生有很强的代入感，符合工科大学生的实际情况。通过典型工程实例的剖析，分析其中的工程伦理问题、工程师伦理问题，使学生意识到工程伦理意识的重要价值。在综合应用阶段，可选择每位工科学生都要参与的工程实验、毕业论文入手，使学生意识到伦理就在身边，并非遥不可及。

通过对工程伦理问题的系统学习，使学生理解伦理问题的意义和价值，意识到伦理就在工程之中，就在身边，是工程活动的出发点，进而自觉形成工程伦理意识和工程伦理思维，更好地造福社会、造福人类。

（二）教学组织设计

“工程伦理”课程组织形式的设计遵循学习科学的基本原理，按照知识输入—知识内化—知识输出—实践检验四个环节进行设计。知识输入是指学生观看慕课和阅读教材接收工程伦理的基本知识。在阅读的同时结合个人的知识背景初步理解基本概念，即知识内化。知识输出是指在课堂交流环节通过学生发言、小组交流、班级分享等形式，鼓励学生输出自己对工程伦理知识的理解，在与同学的相互交流和比较中，逐步修正自己的观点和理解。实践检验是指学生组成学习小组进行课外调研，去发现分析、分析问题和解决问题，在实践中去检验和验证工程伦理知识的合理性和有效性，坚定自己对工程伦理的信任和信心。

“工程伦理”课程的教学课时安排是一学期 16 次课程，32 个学时。其中观看慕课占 12 个学时，由学生独立完成线上课程自学。另外 20 个学时则是采用线下学习的方式，进行线下的课堂交流和讨论。同时，课程设计有实践调查环节，要求学生组成学习小组，在课外调研身边的工程伦理问题，应用工程伦理学的基础知识去发现问题、分析问题和解决问题，通过实践去检验理论知识的合理性和有效性。

“工程伦理”课程会利用软件形成课程学习群落，课程的组织管理借助 QQ 群进行。充分利用网络技术的便捷性和及时性，如 QQ 群、群文件、群相册、群作业等功能，辅助完成课程的教学组织管理。

“工程伦理”课程在“学堂在线”“爱课程网”等网络平台建设了“工程伦理”慕课课程，为参与学习的学生提供了网络化自主学习平台。学生按照教学计划安排，在每周的上课时间自己观看慕课，绘制课程思维导图，完成课程基本知识的学习和初步的内化理解。

“工程伦理”课程同时采用线下学习方式。学生及其学习小组通过线上自学、线下讨论、实践调研等环节的学习与思考，进入教室进行课堂交流与学习。在课堂交流环节，学生先查阅课程 QQ 群相册中大家分享的思维导图，每个小组的代表结合思维导图阐述其对“工程伦理”课程知识的理解与思考，引导同学们的思考。然后以小组为单位，结合工程伦理知识和课外调查实践，进行小组讨论，引导学生将工程伦理的理论知识应用到实践中，并填写“小组调研报告周记表格”，记录小组集体的所思所想，并分享到群相册。在课堂教学交流的整个过程中，要求学生将课堂中的所见所闻、所思所想绘制成思维导图，引导学生学会聆听，培养把握班级交流中整体知识信息的能力。

在实践调研环节，以小组为单位，从工程伦理的视角去发现身边的工程伦理问题，运用小组的集体智慧去分析问题和解决问题，培养学生的批判性思维和创造性思维，在实践中理解工程伦理的实践性特征，判断书本知识的合理性和有效性。

（三）多元评价设计

“工程伦理”课程教学过程中，采用了四种学习效果评价方法，分别为增量评价、过程评价、水平评价和总结性评价。

增量评价方法主要是结合每讲课的思维导图和每周的周记表格进行。首先要求学生在每讲课结束后，绘制课程思维导图，同时在学习进化轨迹表（如表1所示）中专门填写自己这一讲的收获、认知增量和学习效果评价，持续16讲。周记表格（限于篇幅未展示）则是督促同学们对小组调研的工程伦理问题进行持续调查和记录，通过每周的周记表格内容的变化，即认知增量的变化，帮助学生观察自己认知深入的过程。

过程评价则是设计学习进化轨迹表，要求学生在期末时，将每一讲的思维导图和认知增量填写在认知轨迹表格中，使学生看到自己认知的进化轨迹，反思自己的学习过程和学习效果。同时要求学生在期末时将调研报告的周记表格汇总、对比，撰写调查研究报告，实际上调查报告的撰写过程也是学生整理自己认知进化轨迹的过程，从而在误程中实现了知识进化轨迹和能力进化轨迹的过程评价。

水平评价主要体现在期末总结报告和调查报告的内容之中，通过撰写工程伦理调查报告，检验了学生对课程知识的掌握和分析问题的能力。通过评阅学生的工程伦理问题调查报告，可以从总体上判断学生对课程知识的理解水平和能力水平。

总结评价是在系统整理增量评价、过程评价、水平评价资料的基础上，对自己一学期的学习成果进行总结，形成总结性评价，主要讨论对工程伦理知识的理解、个人的心得体会、对课程的意见建议等。通过总结性评价，可以从总体上了解学生的学习效果。

增量评价、过程评价、水平评价、总结评价四种评价方法的综合应用，一方面使学生能够在学习的过程中感觉到自己认知能力和认知水平的变化，为持续积极学习提供动力和信心，同时，教师通过四种评价数据，可以较为合理地评价学生的学习效果。

三、学习质量管理方法

（一）线上学习环节的学习质量管理

慕课课程是经过教师精心设计的课程知识的系统介绍，是传统纸质教材的数字化、立体化形式。通过慕课课程学习，学生基本上可以了解和理解课程中的基本概念和基础知识。学生在观看慕课课程的过程中，需要独立思考，消化理解课程的基本知识，形成基本的知识结构模型。

同时，小组同学一起观看，可以起到相互促进的作用。

教师主要采用思维导图技术和在线分享技术对学生的学习质量进行管理。学生观看慕课时，要实时绘制课程内容的思维导图，梳理课程知识结构，促进对课程知识的理解。同时要求学生在慕课课程结束后，将绘制的课程思维导图分享到课程教学群组相册中，大家相互观摩学习，分享各自的理解，又起到相互启发的作用，有效地促进了“工程伦理”课程的学习，同时还能起到相互督促和监督的作用。教师还安排助教登记学生思维导图的提交情况，作为平时学习态度的考核。

期末时要求学生将 16 讲课程的思维导图汇总，编写学习进化轨迹表。通过对课程思维导图的整理，学生能够发现自己工程伦理思想逐步进化的轨迹，同时形成自己关于工程伦理知识的框架体系。

在期末时，要求学生将每一讲绘制的思维导图汇总，形成学习进化轨迹图表，再次引导学生整理一学期的学习成果。通过思维导图的图表（表 1），实现隐性思维的可视化，学生能看到自己思维进化的轨迹，看到自己思想意识中“工程伦理”概念从无到有、从模糊到清晰的变化过程，从而引起学生的深度思考和反省。

表 1　基于思维导图的学习进化轨迹表

讲次	课堂思维导图	知识内化理解	学习效果评价
第 1 讲	限于篇幅，学生绘制的思维导图图片（略）	本节主要讲了工程伦理学所包括的含义及其具体的概念	初步接触工程伦理学，对工程伦理学有了一个初步的了解
第 2 讲	限于篇幅，学生绘制的思维导图图片（略）	本节主要讲了伦理学和工程伦理的区别，探讨了作为一名工程师应担当的伦理责任	认识到了作为一名工程师应担当社会伦理责任
第…讲	……	……	……
第 10 讲	限于篇幅，学生绘制的思维导图图片（略）	本节主要从几个方面讲述了科技对人类社会危害，以及潜在的危害	认识到了科学技术带来高速发展的同时也有一定的危险性
第 11 讲	限于篇幅，学生绘制的思维导图图片（略）	本节主要讲工程中应该遵循的价值选择，以及如何进行选择	在工程建设中，作为工程师我们一定要自己价值选择，有所为有所不为

（二）线下学习环节的学习质量管理

线下学习是在学生观看慕课内容、独立思考和调查实践的基础上进行的。通过观看慕课内容、独立思考和调查实践，学生对工程伦理知识进行了一定程度的内化理解，同时学会分析存在的问题。线下教学环节就是在教师的组织下，引导学生发言、交流，反思。

为了检查学生观看慕课内容的效果，教师用抽查的方式请部分同学分享其在观看慕课时独立思考的心得体会，通过分享交流，一方面检验了学生对课程知识的理解和掌握程度；另一方面也给学生提供了表达自己思想的机会，提升了学生的参与度。

在分享交流的同时，学生会通过彼此思想的对比分析，发现彼此的差异，引起反思。教师则可以对学生的分享做适时的引导和点评，把控课程的知识点和基本方向。必要时，教师可结合时事热点，组织学生进行讨论和辩论，引导学生进行批判性思考，而不仅仅局限于教材内容，加深学生对工程伦理思想和知识的领悟理解。

（三）实践调查环节的学习质量管理

伦理问题是一个普遍性的哲学问题，是蕴含在所有工程活动之中的，并不是人为强加在工程之上的。《工程伦理》课程设置了实践调查环节，要求学生组成 5 人小组，从工程伦理的视角去发现身边的工程伦理问题。同时，结合自身的专业知识基础，引导学生其分析其中的工程伦理问题、结合工程伦理问题。

在教学质量管理方面，教师设计了“工程伦理问题调研周记表格”“工程伦理调研报告模板”等学习质量评价工具（限于篇幅，未将表格文件加入文中）提供给学生，每周记录小组的交流讨论情况、课外调研情况等，引导学生去全面观测工程伦理现象，学会系统思考。

“工程伦理问题调研周记表格”主要是记录学习小组每周在调研过程中的思考、出现的问题、体会、各自的表现等内容，通过每周调研记录表格的积累和递进变化，帮助学生在学习实践中发现自己对工程伦理问题的认识是逐渐深化的。

一学期十余次“工程伦理问题调研周记表格”则是“工程伦理调研报告”的基础资料，用于指导学生根据调查资料撰写科学研究报告，培养其有条理地撰写科研报告的能力。在撰写科研报告的过程中，学生会发现自己思维逻辑的局限性和需要改进的地方。在实践调研的过程中，学生则会有意识地对自己的思维方式进行适当的修正。

通过实践调查的活动，学生从实际工程现象中发现伦理问题、分析伦理问题、理解伦理问题，解决伦理问题。同时，实践调查环节也是一把尺子，同学们可以在实践中检验教材、教师、慕课中所传递的知识原理的合理性和有效性，对书本知识进行批判性思考和选择性吸收，而不是无条件地接受，进而形成独具个人特色的知识体系和工程伦理认知。

四、学生反馈与效果评价

在期末，教师要求每名学生撰写一份期末课程总结。可以结合“工程伦理”课程的特点，引导学生结合个人的专业实践，回答与专业有关的伦理问题，使学生能进一步思考，将伦理学思想融入专业课程之中。限于篇幅，以下仅罗列5名学生对“工程伦理”课程的总结与评价。

学生1：学习工程伦理，让我对工程这一含义有了更加深刻的理解。从前，工程对我而言，就是花钱干事。但是学习“工程伦理”课之后，我才发现，原来，工程还有如此深刻的含义，工程建设工程师必须符合工程伦理。这对于我们今后从事工程活动是具有指导意义的。

学生2：课程使我们从另外的角度认识工程，在今后的实践中，不能为追求经济效益，忽略以人为本的原则和可持续发展的原则，同时敢于承担作为西南交通大学毕业生在工作中的职业责任，更好地在自己的工作岗位上实现人生价值。

学生3：工程师只有遵守工程伦理准则，在工程活动中具有社会责任感，正确的价值观、利益观和强烈的伦理道德意识，才能自觉担负起维护人类共同利益的伦理责任。这是作为新一代大学生所必须掌握的一门学科，是进入社会的必修课。我们只有在遵循工程伦理的前提下，才可能开辟出一条属于自己的道路。

学生 4：最开始上课的时候，其实我对工程伦理并没有除了字面意思之外的理解，就只是认为它是工程建设之中所体现出来的一些道德、伦理问题。但是随着课程的深入，我逐渐地认识到了工程伦理既可以存在于“天河工程”这样的大工程之中，也可以存在于我们的日常生活之中，比如说我们调研的学校的下水道排水问题。它既可以是事关全人类的可持续发展，又可以是与我们相关的学术诚信等。通过一学期的学习，我对工程伦理的认知发生了巨变。现在我认为：工程伦理，就是工程中关于人与其他动物、人与自然以及人类内部关系等的一系列道德价值与思想价值判断。此外，这门课还教会了我们如何客观地看待问题，如何判断问题的真与假、美与丑、善与恶，这些对我日后的学习有很大的帮助！

学生 5：在经过课堂讲解、慕课学习、针对具体问题的实践等多种方法的学习后，我对工程伦理的概念逐渐清晰。在上课之初，我觉得工程伦理只存在于关乎民生的大工程中，经过一学期与不同学院的同学组队，就学校里的一个小问题进行工程伦理问题的探讨，我明白了工程伦理问题无处不在，其实只要有人类活动的存在，就有工程伦理问题的身影。同时，在学习的过程中，通过和不同同学进行思维碰撞，利用思维导图等工具，我们对问题的理解也更深刻、更全面。作为从事生物医学工程专业并立志在这一行业走下去的一员，未来必定会时刻与工程伦理打交道。有了工程伦理的学习经验，我在分析和解决问题时也能考虑到更多的方面。

可以看到，通过“工程伦理”课程的学习，学生对工程伦理的感悟是比较深刻的，能够把原来的自觉不自觉的伦理行为转化为清晰明确的行动指南。这充分说明了学生对工程伦理知识是需要的，他们能够认识到工程伦理的价值，并愿意在工程活动中实践。

五、结论与建议

“工程伦理”课程的教学实践表明，四种形式相结合的教学设计是合理的，能够有效地促进学生深入学习工程伦理知识，形成伦理意识，达到了预期的教学目的。

具体的教学实践表明“工程伦理”课程采用线上线下混合式教学模式是可行的。采用线上线下混合式教学，课程教学必须经过系统设计，才能有效地控制课程的教学质量。

工程伦理慕课课程为学生提供课程基础知识的学习，给学生自主学习提供了自由度。课堂学习则为学生提供了分享和交流的平台，学生之间、师生之间相互学习，提升了学生的参与度和存在感。实践调研则为学生应用工程伦理知识提供了检验的机会，深化学生对工程伦理思想的理解。

“工程伦理”课程教学实践表明，给学生自学的自由和信任，他们是会完成必要的学习任务的，应该将慕课学习的课时交给学生自由支配。在课堂教学环节，教师应坚持以学生为中心的教学理念，对课堂的时间进行合理分配，让学生成为课堂的主角，教师则起到引导和辅助的作用。

“工程伦理”课程教学中采用的思维导图、课堂讨论、评价表格、期末总结、调研报告、课程 QQ 群等都是进行学习效果的评价工具。对增量评价、过程评价、水平评价和总结性评价等评价方法进行综合运用，可以促进学习的效果，提高学习质量。

限于时间和条件，“工程伦理”课程还需要在今后的教学中不断迭代进化，逐步完善。

参考文献

[1] 林健，衣芳青. 面向未来的工程伦理教育[J]. 高等工程教育研究. 2021（5）：1-11.

[2] 李伯聪. 微观、中观和宏观工程伦理问题——五谈工程伦理学[J]. 伦理学研究，2010（4）：25-30.

[3] 龙翔，盛国荣. 工程伦理教育的三大核心目标[J]. 高等工程教育研究，2011（4）：76-81.
[4] 朱高峰. 对工程伦理的几点思考[J]. 高等工程教育研究，2015（4）：1-4.
[5] 肖平，刘丽娜. 关于工程伦理课程的几个问题[J]. 阴山学刊：社会科学版，2018，31（6）：71-75.
[6] 陈柯蓓，周开发，倪家强. 美国工程伦理教育探析及对我国新工科建设的启示[J]. 重庆高教研究，2017，5（3）：36-43.
[7] 邹晓东，李恒，姚威. 国内工程伦理实践研究述评[J]. 高等工程教育研究，2017（3）：66-72.
[8] 夏嵩，王艺霖，肖平，等. 土木工程专业教育中工程伦理因素的融入——课程思政的新形式[J]. 高等工程教育研究，2020（1）：172-176.
[9] 张满，王孙禺. 高校工程伦理教育的实践与探索——基于清华大学等高校的调查[J]. 山西师大学报（社会科学版），2020，47（2）：103-107.
[10] 焦建利，王萍. 慕课：互联网+教育时代的学习革命[M]. 北京：机械工业出版社，2015.
[11] 乔纳森·伯格曼，亚伦·萨姆斯；翻转课堂与混合式教学[M]. 韩成材，译. 北京：中国青年出版社，2018.
[12] 乔纳森·伯格曼，亚伦·萨姆斯. 翻转课堂与慕课教学：一场正在到来的教育变革[M]. 宋伟，译. 北京：中国青年出版社，2015.
[13] 冯晓英，吴怡君，庞晓阳，等. 混合式教学改革：教师准备好了吗？——教师混合式教学改革发展框架及准备度研究[J]. 中国电化教育，2021，408（1）：110-117.
[14] 冯晓英，王瑞雪，吴怡君. 国内外混合式教学研究现状述评——基于混合式教学的分析框架[J]. 远程教育杂志，2018，36（3）：12.
[15] 刘徽，滕梅芳，张朋. 什么是混合式教学设计的难点?——基于 Rasch 模型的线上线下混合式教学设计方案分析[J]. 中国高教研究，2020（10）：82-87.

[16] 肖平. 工程伦理导论[M]. 北京：北京大学出版社，2009.
[17] 查尔斯·E. 哈里斯，迈克尔·S. 普里查德，迈克尔·J. 雷宾斯. 工程伦理——概念和案例[M]. 丛杭青，沈琪，等，译. 北京理工大学出版社，2006.

工程创新拔尖人才通识教育中法律教学的问题及对策

张 晶

【摘 要】根据国家十三五规划纲要"改革人才培养机制，实行学术人才和应用人才分类，通识教育和专业教育相结合的培养制度，强化实践教学，着力培养学术创意创新创业能力"的要求，自2015年起，西南交通大学积极尝试探索拔尖创新型人才培养，不仅要培养学生卓越的专业技能，还应当涵养人文与跨学科素养。其中对法治思维和法律意识的培养必不可少。如何在培养工科创新拔尖人才的通识教育中，构建与调整与市场经济密不可分的相关法课程体系是亟待解决的问题。本文以我校为例，通过问卷调查、企业访谈调研，结合法律学科知识规律，提出了搭建实训平台的教学改革方案。

【关键词】通识教育；法律课程教学改革；工科创新拔尖人才；实训平台

一、引 言

哈佛大学爱德华·威尔逊教授曾说："如果我们能将自然科学的探索（关键技术的发明和工程系统的创造）与人文学科内省的创造力相结合，人类的存在将会具有无限的生产力，也会拥有更加耐人寻味的意义。"这是工科传统优势学科高校更应该加强通识教育的意义所在。

当前，我国正大力实施"科教兴国""人才强国""建设创新型国家"

作者简介：张晶，西南交通大学经济管理学院讲师；研究方向：工程法律法规、公司治理与法律风险防控。

的宏伟战略，高等教育自然肩负起培养“高素质创新型人才”的历史使命，积极为创新型国家建设服务。然而在我国高等人才的培养中，普遍存在“重科研、轻教学”“重知识、轻能力”“重理论、轻实践”“重学术、轻应用”和“模式单一、缺乏特色”等一系列突出问题。这些都是学校进行拔尖创新人才培养过程中面临的矛盾。

根据我校公布的本校创新拔尖人才培养的课程体系要求，其特点至少包括：第一，知识结构合理、知识面宽广。培养的学生既拥有人文、社会和自然科学知识，又拥有相关学科和相关交叉学科的理论知识和实践技能。第二，通专结合。一方面要注重学生专业技能的培养，另一方面又要突出强调学生的知识结构和基本能力的培养。

综上，法律类课程的开设与改革不仅是国家宏观管理的需要，也是我校创新拔尖人才培养中的重要环节。

二、文献综述

查阅近年有关通识教育中法律课程教育教学的文献,从国内外的研究现状来看，问题主要集中在课程设置不合理以及教学课时不够等方面。例如，彭剑波（2010）认为“法学课程设置在经济与管理类院校不尽合理、课时偏少”。睢利萍（2011）也认为，经管类专业“经济法”课程教学中存在的主要问题是“课时与教学内容之间的矛盾”。不能否认这些观点的合理性。单颖辉、郭姗姗（2012）认为课程不合理、学生学不透和教学方法呆板是法律教学中的主要问题。涂富秀（2013）则认为教学管理缺位、教学方法单一、实践教材匮乏、缺乏科学考核机制等是法律教学存在的主要问题。

上述文章主要从理论角度分析了法律课程存在的不足，但是缺乏相应的数据支撑，欠缺说服力。本文以上述文献为参考，以数据分析为基础，从学生和企业角度分析法律课程如何完善的方法和步骤。

并且，法律专业知识对于非法律专业（尤其是工科）学生而言，属于知识面的拓展领域，教学的目的主要是帮助思维习惯和思想认识形成，这也是素质教育和通识教育重点关注的领域。因此，不应过度要求学生掌握较深的法律理论以及熟悉所有的部门法知识；同时，考虑到学生专业课程负担的问题，不可能要求增加过多的课时和成体系的法律课程设置，否则可能本末倒置。现实的、较为可行的做法是在既有课时安排和课程体系的框架下，通过改进教学内容和教学方法，以增强学生的学习兴趣，培养其法律意识，从而为在以后的工作中解决具体问题打下基础。

因此本研究将会首先调查我校学生的法律常识背景和对法律知识的需求，摸清学生的法律知识储备水平；其次再调查用工企业对员工法律知识的需求，最后将学生的法律知识水平和社会对法律知识的需求相结合。将学生兴趣和现实情况有机融合，结合法律教学的特点，制定出相应的改进措施。

三、研究分析

本次问卷调查的调查对象包括我校学生和社会企业，针对不同调查对象采用了不同的调查方式。针对学生调查对象采用了问卷调查的方式，其中发放学生问卷 300 份，收集有效问卷 268 份。针对企业调查对象采用了访谈的调查方式。针对学生的调查结果如表 1、表 2、表 3 所示。

表 1　学生学习法律的途径及兴趣方向

学习法律知识的途径	占比	有开设法律课程的必要吗？	占比	最希望了解哪方面的法律知识？	占比
电视	51.29%	有必要	91.34%	宪法及法理学	7.54%
网络	48.31%			行政法	15.88%
报纸杂志	20.22%			民商、经济法	77.03%
课堂	5.38%	没必要	8.66%	劳动与社会保障法	59.26%
				自然资源与环境保护法	11.61%
生活	33.56%			刑法	5.33%
其他	20.73%			诉讼法	8.41%

（1）学生学习法律途径单一，但是有较强的学习兴趣。我校学生主要通过电视、网络等媒体平台零碎地查阅法律文献、学习法律知识，学习途径比较单一。通过课堂系统学习法律知识的占比最少，仅为5.38%，因此我校学生很难形成比较完整的、全面的、系统的法律知识体系。但是大部分学生认为法律在未来生活工作中是比较重要的，对法律知识都表现出了比较浓厚的兴趣，且主要集中在民商经济法、劳动与社会保障法等与民生利益息息相关的法律。

（2）多数学生对法律的理解仅仅停留在认识上，缺乏运用法律知识的意识。从表2可以看出，当遇到麻烦或纠纷时，不会主动使用法律手段的学生占比为11.49%，表明大部分学生法律意识较欠缺。并且大多数学生认为目前学习法律的最大障碍不是缺乏相关的法律基础知识，而主要是缺少实践并且不知道如何运用法律知识。

表2　仲决纠纷的方式和学习中面对的障碍

遇到麻烦或纠纷时，会采取什么方式解决？	占比	学习法律知识最大的障碍是什么？	占比
自认倒霉	25.21%	无兴趣	7.37%
不主动使用法律手段解决，除非对方先使用	39.56%	缺乏相关的法律基础知识	9.40%
会主动使用法律手段	11.49%	不懂如何运用	43.57%
其他	23.74%	缺乏实践机会	39.66%

（3）多数学生对于经济法相关课程改革表现出强烈兴趣。从表3可以看出，91.32%的学生对“经济法”课程表现出强烈的兴趣，并且最想增加的教学形式分别为到法院旁听案件和参加模拟法庭，表明大多数学生都有参加法律知识模拟实践等相关活动的意愿。

表 3　课程教学形式

你对经济法课程改革感兴趣吗？	占比	若进行法律课程改革，你最想增加的教学形式是什么？	占比
感兴趣	91.32%	法律专业人士的专题讲座	15.78%
		到法院旁听案件	36.90%
不感兴趣	8.68%	参与模拟法庭	34.34%
		其他	12.98%

（4）企业需要具备法律素养的人才，但是目前的应届生达不到企业的要求。通过对用人企业进行用工需求的访谈，我们发现，面对日益复杂化的社会经济环境，大部分企业不仅需要具备专业知识的人才，更需要这些人才具备较高法律素养，尤其是经济法、民商法相关的法律知识，但是目前大部分企业认为大部分应届生缺乏相关的法律知识，仅仅了解法律知识的一些皮毛，缺乏相应的法律素养，难以满足企业的需要。并且，对于其招收的法律专业应届生，大多数企业认为其法律水平仅仅停留在书本上，缺乏相应的法律实践应用，也难以满足现实的需要。

四、研究结论

通过以上分析可以看出，我校学生自身的法律知识水平还有待提高，法律思维和法律精神也有待培养。大部分学生目前也认识到了自身的不足，认识到了法律对于自身的重要性，有迫切加强法律学习的愿望。而企业对于具备专业知识和法律知识的综合性人才需求较大，对于具有实践经验的专业法律人才同样具有较大的需求。因此我校进行相关法律课程改革迫在眉睫。课程改革要适应培养法律实用型的管理人才的需要，并为我校其他非法律专业学生的法律课程教学提供可行的建议和对策。

（1）培养学生法律思维。虽然有学生知道一些法律知识，但是没有形成法律思维，主要原因在于其法律知识是建立在对法律条文死记硬背之上的，缺乏对法律深层次的思考。无法探究法律背后深刻的法理，无法理解法理基础上抽象概括的条文，就无法形成法律思维。因此需要在激发学生兴趣的基础上，积极营造法律场景，为培养学生法律思维奠定基础。

（2）转变教学方式。目前的法律类课程教学主要以教师和教材为中心，以填鸭式的教育为主。学生积极思考和独立分析问题能力缺乏，而大多数法律学科具有很强的理论性和实践性，教学方式需要从填鸭式教学转变为“重点讲授+案例分析+启发讨论”。

（3）搭建实训平台。传统的教学方式主要集中建立在“模拟”环境的基础上，缺乏实际的实践平台，学生很难获得“身临其境”的感觉。因此搭建与法院共同成立的经济法教学实训平台，让学生亲身体验法院审判的过程，使学生将其所学的法律知识与现实的实际法律问题结合起来，从而使自身经济法法律知识体系得到进一步的巩固，灵活运用法律知识的能力得到进一步提高，更建立起直观的法律概念，塑造法律精神。

（4）考试方法改革。传统的考试主要采取笔试的方式，侧重考查学生的知识储备能力，方法单一而容易导致学生死记硬背。这种方法并不能够有效地考查学生的法律综合素质，因此必须对传统的考试方式进行改革，比如制定“二阶段”考试模式。在“第一阶段”中，可以沿用传统的考试方式，而在“第二阶段”中，应该更偏向考查学生的法律逻辑分析能力、语言表达能力、沟通协调能力和解决实际问题的能力。可以在课堂模拟和实训平台上，采用老师评价或学生互评的方式进行考核。

参考文献

[1] 彭剑波. 经济与管理类院校非法律专业法学教育存在的问题及对策[J]. 法制与经济（中旬刊），2010（1）：111-112，114.

[2] 睢利萍. 经管类专业“经济法”教学中存在的问题及对策研究[J]. 河

南科技学院学报，2011（10）：103-105.
[3] 单颖辉，郭姗姗. 如何提高经管类经济法课程教学的有效性[J]. 前沿，2012（12）：193-194.
[4] 涂富秀. 经济法本科课程实践性教学的改革与探索[J]. 福建江夏学院学报，2013（3）：106-110.

附访谈企业如下，特此鸣谢！

川渝中烟、丽维家公司、成都铁路局、中铁二局、株洲南车时代电气股份有限公司、中电投贵州金元集团股份有限公司、宜信财富管理（香港）有限公司、成都运帷化工有限公司、北京奇观国际旅行社有限公司；重庆瑞萃德科技发展有限公司，重庆师谷教育咨询有限公司，重庆疾风步科技有限公司。

“三全育人”理念下工程伦理教学内容设计与实践

刘丽娜　肖　平

【摘　要】“三全育人”是根据思想政治教育工作的特性提出的解决实效性问题的方案。“工程伦理”课程内容的设计思路和做法，就是借力全员、全方位，将“工程伦理”课程贯通工程专业硕士教育的全过程。根据课程的特性，课程内容设计时坚持了守正、专业、实践三个重要理念。

【关键词】三全育人；社会主义核心价值观；专业性；知行合一

“三全育人”是指学校全过程、全方位、全员育人的思想政治教育观念与行动体系。它主要针对目前思政教育仅以四门课为重心，不能贯通学生在校学习的全过程；仅限于课堂，不能覆盖学生在校众多的课程和丰富的校园生活全方位；仅限于德育老师，不能借助所有老师和管理人员、服务人员的育人力量的现状。这种现状在研究生培养中更为突出。“三全育人”就是要解决学校思政教育的“孤岛”现象，进而解决思政教育与专业教育“两张皮”问题。近日，教育部印发的《高等学校课程思政建设指导纲要》中指出，落实立德树人根本任务，必须将价值塑造、知识传授和能力培养三者融为一体、不可割裂。高等学校人才培养是育人和育才相统一的过程。我们试图通过对“工程伦理”课程内容的设计和实施，借力全员、全方位，将研究生的职业道德教育与工程专业教育全过程贯通起来培养。

“工程伦理”是硕士研究生阶段的职业道德教育课程。为了让课程真

作者简介：刘丽娜，西南交通大学马克思主义学院讲师。
肖平，西南交通大学人文学院教授。

正对工程师起到品质塑造作用，我们将课程内容设计为理论与实践两个部分，各 1 学分。理论用 8 周的小学期完成，实践为期 2 年完成，贯穿硕士培养的全过程。课程内容的设计我们遵守了三个理念：一是“守正”，即让工程伦理价值能够体现社会主义核心价值观；二是助力专业学习，因为工程伦理说到底是职业道德教育，所以要在专业上得到学生的理解和认同；三是伦理与工程都具有强烈的实践性，道德教育一定要突出实践性。根据课程内容的设计，我们需要教师以外的实验人员、教辅人员共同合作，实现全员、全方位培养，贯通研究生培养的全过程。

一、守　正

党的十九大报告指出，社会主义核心价值观是当代中国精神的集中体现，凝结着全体人民共同的价值追求，要培育和践行社会主义核心价值观。高校的任务是培养担当民族复兴大任的社会主义接班人，要坚持德育为先，要加强社会主义核心价值观教育。当代大学生要以“修身齐家”为基础，以“治国平天下”为旨归，把个人追求与实现“中国梦”相统一，把开展工程实践与实现中华民族伟大复兴相统一①。

社会主义核心价值观来源于生活，我们不能抽象地讲授价值观，要用通俗易懂“接地气”的方式讲。习近平总书记指出，价值观要真正发挥作用，必须融入社会生活，与人民日常生活紧密联系起来，在落细、落小、落实上下功夫。对于“工程伦理”课来说就是要结合工程专业实践来讲价值观。我们在设计教学内容时，紧紧抓住社会主义核心价值观与工程师职业生活的联系，将国家对社会主义接班人的道德要求作为价值指导。这样的学习内容有利于让学生对社会主义核心价值观真懂、真信，内化于心，外化于行。

“工程伦理”课程的目的是要让学生了解、认同并能践行工程伦理的规范，所以理论部分主要内容是规范体系。这一规范体系的具体内容就是一个基本原则、一组道德规范和一组道德范畴。工程伦理的道德原则

① 项聪：《培养工具理性与价值理性兼备的工程师——兼论新工科人才培养目标定位》，《高等工程教育研究》2017 年第 6 期。

是工程造福社会。当然它包含了事物的两面，就是工程师造好工程，承担避免技术风险的责任。它是职业道德的特殊性与社会主义核心价值观普遍性的统一。工程师要实现这样的价值目标，就应该具备较高的道德品质，以保障卓越的职业行为，这就是一组工程伦理的道德规范。与职业道德原则一样，职业规范与社会价值的目标相一致，但体现的是特殊领域中的具体规范要求。工程师还要遵守社会普遍凝聚的道德范畴，比如公平、正义、诚实、友善等。为了让工程学学生建立起职业活动与社会价值的联系，自觉地在职业活动中按照社会要求做事，分析职业活动的社会价值是我们着力做的事，同时尽可能地在专业道德要求上使用思想政治教育的话语，努力建立专业技术与思政的联系。

例如，工程伦理的道德原则——工程造福社会，就体现了以人民为中心的社会价值和对社会、对民族、对国家强烈的责任感和国家情怀、敬业情怀。事实上，工程史上许多优秀的工程师正是这样做的。茅以升在战火纷飞的年代，为国家为民族修建钱塘江大桥，克服了种种困难抢时间终于修通，那可是中国人自己建设的第一座现代化桥梁。同时，他为了国家民族的利益，在大桥建好后不到3个月，又亲自帮助炸毁了大桥。若要问工程师有没有个人意志，那一定是以人民、国家利益为最高意志。可见卓越工程师的职业价值目标一定是与社会目标、与人民群众的利益相一致的。习近平总书记就充分肯定过中国的科学家和工程师在改革开放40年里取得的伟大成就。他说：“长期以来，一代又一代科学家怀着深厚的爱国主义情怀，凭借深厚的学术造诣、宽广的科学视角，为祖国和人民作出了彪炳史册的重大贡献。祖国大地上一座座科技创新的丰碑，凝结着广大院士的心血和汗水。”同时，总书记对科学家、工程师寄予了无限的希望，他说：“中国要强盛、要复兴，就一定要大力发展科学技术，努力成为世界主要科学中心和创新高地。我们比历史上任何时期都更接近中华民族伟大复兴的目标，我们比历史上任何时期都更需要建设世界科技强国！”[①]作为未来的科学家和工程师，在校学习的工程

① 出自《习近平：在中国科学院第十九次院士大会、中国工程院第十四次院士大会上的讲话》，2018年5月28日。

学生要树立用科技工程造福人类的人生目标，让自己投身到强国复兴的建设事业中。

再如，严谨认真、开拓创新等工程师的职业道德规范，更是将社会主义核心价值观落实到具体职业活动中的表现。我们说工程造物与工厂生产最大的不同点就在于，工厂生产是在控制条件下做重复性的批量造物，而工程只能在不可控的自然条件下，根据特殊的地质、气候等环境条件进行工程活动。比如，茅以升建造钱塘江大桥就与在长江上游建桥不同，他面对的是宽阔得多的水面和厚厚的泥沙。这也与在黄河上建桥不同，因为时有长江洪水，时有海浪涌入，还有台风捣乱。所以，现场性是工程的显著的特点，这一特点就使得桥与桥不同，大坝与大坝不同，甚至高楼与高楼都不同。因此解决问题、创造性地运用理论、创造新技术就是对工程师最直接的要求。没有完全相同的经验可以照搬，工程师必须在严格勘测，谨慎计算的基础上，大胆创新，解决问题。严谨认真是做出好工程的保障，工程造物是要经得起一定“自然”考验的。做安全的工程就要靠严谨，不能容许丝毫的差错。这些品质都服务于造福社会的大目标，是工程职业道德体系的第二个层次的要求。

又如，公平、公正、诚信、友善等工程伦理的道德范畴，它们也多直接来源于社会主义核心价值观，也是工程师应有的道德意识。在工程建设中工程师最常遇到的伦理问题就是选择降低工程成本而把建设垃圾留给下一代人还是谁污染谁负责，结束代际不公平的野蛮施工方式；是为了缩短工期加班加点，还是尊重民众的权利，努力创造条件减少扰民。随着国家的强力管理和社会文明程度的提高，许多工程不规范问题大有好转，但是只有工程师胸怀对人的关怀，才有可能在监督不到的地方也能做好。

这些职业道德教育的内容，我们认为由工科老师结合专业知识讲效果会更好。我们通过“工程伦理”课程团队中的工科老师，在更多的工科老师中进行工程伦理教育。他们已经在自己的课程中开始了课程思政的尝试，也在自己指导的学生毕业设计中提出选题伦理分析的要求。经过多次尝试，学校研究生院也积极支持我们的想法，正在讨论将职业道德教育的内容作为制度确定下来。我们之所以能够得到部分工科老师的支持，不仅因为我们讲的“大道理”真切合理，还因为我们课程内容设计的第二个理念——助力专业学习。

二、助力专业学习

工程不仅包括技术因素，还包含了价值因素。正如 A. 阿西莫夫在《设计导论》中指出，技术设计的原则由两种类型的命题组成，一是事实内容的命题，另一类是有价值内容的，它反映了当代文明的价值和道德风貌。[①]这就要求现代工程教育不仅要教授专业知识，还要教学生做正确的价值分析和价值选择，而这恰恰是我们经常忽略的。其实在专业教学中强调知识教育和价值观教育的同频共振是从课程思政的角度建立社会价值与专业技术的联系。这样做的效果比较好，国外许多著名高校的工程伦理教育就是这样做的。

我们在内容设计上努力去架设专业与价值联系的第二个理念就是工程伦理教学的专业化。在内容安排上尽可能地与学生所学专业联系起来。一来让学生易于理解职业活动中的伦理问题，避免“两张皮”现象；二来让学生切实感受到职业活动中的伦理问题，训练他们冷静面对现实中的利益冲突，使理性的伦理判断成为自己职业素质的重要部分。我们考虑从工程伦理的内在逻辑、工程思维和案例选择三个方面去实现专业化的目标。

首先，建立工程伦理课程的逻辑框架，让擅长逻辑思维的理工科学生信服。我们在辨析“工程”概念时紧紧抓住工程是为了满足社会的某种需要而进行的造物活动，强调工程的社会性和价值判断。这一逻辑出发点也是华盛顿协议评估工程专业学生合格与否的标准：理论好、能干事、有觉悟三项中第三项的内容，有觉悟的意思是理解技术研究和发展对社会的战略性影响。工程是社会造物的核心内涵，是工程伦理的价值起点。事实上，社会经济繁荣，工程量就大，对高科技和大工程的需求也大，工程专业人才才有用武之地。学生对工程项目和技术的社会价值

---

① 张恒力：《工程伦理读本》，中国社会科学出版社 2013 年版，第 20 页。

的深切认识，将激励他们充满热情地工作。

其次，伦理思维其实与工程思维有很多的一致性，因此课程内容应尽可能地建立在这些一致性上。例如，系统性思维就是工程思维的一个重要内容。工程具有系统性和集成性的特点，工程活动要考虑地质、气象、材料、环境、能源、施工条件等多种因素，要与不同技术领域的人共同协作。工程还涉及复杂的社会利益相关群体，甲方、土地供给方、设计方、施工方、被动移民人群、工地附近的居民、同行竞争者以及社评、环评、审计、质检等社会第三部门机构，伦理关系十分复杂。工程不仅包括技术、经济要素，还包括政治、军事、伦理、法律等要素。一个工程往往具有多种方案，所以工程师要权衡各种条件和各方面的利益，实现最优化选择。这就决定了系统性是工程思维的主要特征。那么工程伦理就是要打破工程师只关注技术、不关心社会伦理问题的旧有模式，在工程的技术网络之上联结起人文、社会价值之网。“工程伦理”课程就是要帮助工程学生让已有的技术网络升级迭代。

最后，我们认为工程伦理是研究工程活动中的伦理问题的，因此案例教学就成了工程伦理课程的一大方法特征。凭着案例还原工程活动的场景，将学生置于其中，感受道德矛盾，做出伦理选择，从而提升他们的道德敏感和道德判断力。那么案例不仅构成了教学内容的血肉，更重要的是成为教学目标实现的路径，引导学生的价值判断。

我们精心设计了课程案例，我们的原则是尽可能寻找发生在学校工科老师身上的案例。这样做的优势在于：易于与学生的学习发生链接；具有较强的时代特征；近距离接触的可知可感可学性。我们了解到一些有着广泛社会影响的大工程案例因为时间较久远感染力有所弱化；因为专业的距离和信息缺乏细节而不能产生深刻的理解；因为广为人知而使学生失去好奇心。我们查寻了近六年国家科技进步奖获得者、院士、长江学者以及有各种人才头衔的教师，围绕他们的成就编写案例，因为任何社会荣誉都是社会对贡献者的褒奖和肯定。这样的做法不仅教学效果好，学生从老师们的身上看到了专业的社会价值，激发起学习热情，而且通过采访和请专业老师审阅案例，意外收获到专业老师对伦理的自觉。

这种自觉表现在，他们会在教学中更强调技术的社会价值，更注意对学生的品质要求。前面提到的对学生毕业设计开题中的伦理分析就是工科老师自己的要求。而且因为有了这样的要求，学生毕业论文的选题更倾向于老师实际参与的工程项目。过去做个无法验证的模型的现象减少了，也更有利于学生在实践中运用理论，并检验所学，加深对理论的认知。

当然不能回避的是负面案例，我们必须直视问题。学生学校阶段接触的最多的伦理问题是学术诚信问题，例如考试作弊、评优评奖中的作假、工程实践、实习中的“修改”数据、团队合作中的利益纠纷等。我们认识到这些案例对学生有很强的教育价值，虽然不宜写在教材里、拍在视频中，但是它们都会成为我们教学的一部分。在做案例时研究者的学术道德是不可少的。既然讲道德，就也要遵守道德，同时也为学生做好的示范。我们翻译了英国的相关学术道德规范，要求老师们遵守。其中包括有些我们没有在意的问题，比如案例是否用真实人名；当事人对视频形象的要求；涉及当事人不愿提及的问题；等等。我们也必须权衡社会影响的大局，不得不舍弃一些精彩的案例。总之，对案例、对内容的精挑细作都是为了服务于教学。

这样的课程内容设计就决定了我们必须紧密地与工科老师合作，不仅为案例的获得和对案例的理解，也为争取工科老师，包括实验室的老师加入专业硕士的职业道德教育中来。因为在“实践”部分我们还要讲到课程的要求和做法，此不赘述。

三、知行合一

工程的特点具有实践性，伦理教育也具有知行合一的特点。道德教育，首先是培养和提高人们的道德认识的过程，道德行为总是以一定的道德认识为基础的。[①]道德认识是思政教育重视的，但认知的唯一目的是指导行为。正因如此，亚里士多德才把伦理学视为追求幸福的学问，过经过审视的生活。美国工程伦理学者奥古斯丁认为：“在伦理问题上陷

---

① 魏英敏：《新伦理学教程》，北京大学出版社 1993 年版，第 394 页。

入困境的工程师多数不是由于他们人品不好，而是由于他们没有意识到自己所面对的问题是一个具有伦理性质的问题。结果他们做出了糟糕的决定，玷污了自己的名誉，使自己的余生受到牵累。”[①]工程中蕴含着丰富的工程伦理内容。美国学者马丁等人通过研究发现，在某个产品的整个生命周期中，设计、生产、制造、成品、使用一直到报废，整个过程都蕴含道德问题和伦理性[②]。理论学习可以增强伦理意识，但这只是思政教育认知—认同—践行的第一步。因此，接下来，课程必须包含道德判断力训练和品质培养的实践内容。

我们设计伴随工程硕士培养的全过程的工程伦理教学方式，就是要借助学生实习和设计阶段的工程实践，让学生直接面对工程实践，进行伦理判断和道德选择。在专业硕士的三个培养节点上借助导师、实验室老师、现场工程师和学校管理工作者共同做好职业道德教育的实践指导工作，具体内容如下：

第一个节点是毕业设计开题。研究生院统一要求开题增加“伦理分析”的规定内容，由指导老师和伦理学老师共同指导完成。开题时，学生首先要介绍毕业设计选题目的和意义,一篇好的论文应该有应用价值。来自生产实践或工程实践的问题是学生职业价值、社会价值的真正源头，是他们建立社会责任感和职业荣誉感的所在。解决人们在工程中遇到的问题，且问题要有一定的技术难度、理论深度和创新性。[③]而这正好体现了工程伦理的首要原则，即工程要造福人类。以人为本是工程伦理的核心，为了使工程更好地造福人类社会，学生应该了解技术的社会价值，了解技术发展的学科地位与意义，树立关心人、关注人的现实需要、关注社会发展中存在问题的意识，培养学生的社会责任意识，这个环节可以检验学生的道德敏感性和对专业技术服务社会的理解。

第二个节点是设计或研究过程。在工程设计、实验、测量、研究过程中，由导师和现场工程师指导学生正确的职业道德行为，把道德品质

---

① 张恒力：《工程伦理读本》，中国社会科学出版社 2013 年版，第 246 页。

② 转引自李柏聪：《关于工程伦理学的对象和范围的几个问题——三谈关于伦理学的若干问题》，《伦理学研究》2006 年第 6 期，第 28 页。

③ 魏法杰、王守清：《工程硕士专业学位论文写作指导》，机械工业出版社 2009 年版。

训练作为明确的指导内容。学生的选题往往是老师参与的具体工程项目或者研究课题，如果老师没有真实的工程项目，甚至没有研究项目，自然带不出关注社会实践的学生。这也是一项倒逼老师提高自己的方法。如果是真实的工程项目，这一过程应该按照行业技术规范严格要求。规划设计的数据来源，实验、测量所得数据，必须真实合规。把学生当作真正的工程师来要求，一般不会有什么问题，但要是处在时间紧、数据不理想，甚至实验失败的情况下，道德冲突就让人纠结了。例如，一个改善汽车尾气的项目，多次实验都得不到理想的数据，结果不得不推迟毕业。当然我们也要考虑容忍实验失败的机制。遇到这样的情况，要么选题没有考虑到难度，要么没有比别人更勤奋，多做几次实验。当然偷懒，不认真跑现场，测量不准确的，老师要不计成本地要求重做。这一过程的伦理评价主要在于养成学生良好的职业行为习惯。其实多数学生在这一过程中给老师的惊喜更多。例如土木学院桥梁专业的学生为了在没有资金的情况下获得校园建桥地质的情况，他们想到校园外地铁建设工地。他们通过与实施单位的沟通，获得了比他们自己测量到的要更专业和丰富得多的地质数据资料，出色地完成了任务。在工程设计中是否考虑到施工安全、环境安全，能检验他们尊重人的意识强不强，环境意识强不强。学生是否能按规范要求严谨认真、实事求是、精益求精地开展研究和实验，此环节可以检验学生是否具备工程师的道德品质。

第三个节点是论文答辩。学生的学术规范是他们毕业论文能否通过的重要因素之一。在整个毕业设计的写作过程中，学生是否遵循了论文学术道德规范？有没有正确对待别人的劳动成果？在引用和借鉴他人成果时，是否注明来源和作者？是否存在剽窃或者抄袭情况？工程如果需要多学科成员共同参与，在利益分配时是否做到了公平公正？这个环节可以检验学生是否有学术道德规范意识、知识产权意识、团队合作意识。

工程伦理教育不是一蹴而就的，不能操之过急，工程伦理教育不是上几节课、讨论几次的问题，我们应从大处着眼，小处着手。学生通过各种实践活动不断积累经验，慢慢形成自己的道德习惯，然后转化为一种情感和信念，这才是我们的目标。

参考文献

[1] 兰利琼，赵云. 通识教育课程教学目标的确立、实施与达成——以“社会热点中的生物学”为例[J]. 高等工程教育研究，2019（4）：85-86.

[2] 范慧明，周玲. 工程科技人才通识能力的要素识别与培养——基于产业界的实证研究[J]. 高等工程教育研究，2019（4）：77.

[3] 张文利，王卓峥，司农，等. 创新类通识教育课程建设的探索与实践[J]. 高等工程教育研究，2019（4）：92.

[4] 苏芃，李曼丽. 基于 OBE 理念，构建通识教育课程教学与评估体系——以清华大学为例[J]. 高等工程教育研究，2018（2）：133.

[5] 项聪. 培养工具理性与价值理性兼备的工程师——兼论新工科人才培养目标定位[J]. 高等工程教育研究，2017（6）：55.

以学生为中心，关注教学细节
——以工程伦理教学为例

刘丽娜　肖　平

【摘　要】在工程伦理教学中，关注学生在教学中的地位和作用，要在教学目标的制定、教学任务的设计、学生成绩的评价的全过程中进行，更要注意在教学过程的细节中体现以学生为中心。本文以“工程伦理”课程为例，分析在教学全过程的细节中落实以学生为中心的理念。让学生主动学习，不仅在知识的理解和丰富上有收获，更有团队合作、交流沟通、解决复杂工程伦理问题能力的提升，也让教学更有底气。

【关键词】以学生为中心；教学细节；自主学习

无论是理论层面还是实践层面，学生在教学过程中的地位与作用问题都是教育要关注的根本问题之一。在学习过程中，每个学生的认知结构、学习方法各不相同，他们会对老师讲授的知识有一些不同的看法，对知识的吸收也不同。在教学中，我们尊重学生的差异，从学生学习的视角，有针对性地制定教学目标，精心地进行教学细节设计，关注教学细节的落实，建立有效的评价方式，这样才能让学校的教学不脱离学生的发展和需要，使教学更有灵魂，也更有底气。

教学细节作为教学活动的基本元素，表面上是教学中的一些小事，但是所蕴含的特定教育意义对学生的影响和发展并不是无关紧要的小事。教学细节不仅能体现教师的教育理念和教学特色，也是学生自主学习和能力提升的重要契机和素质提高的关键环节，在教学实践中往往容易被忽视。强调教学细节应还原于对每一个学生学习过程的关注，从以

作者简介：刘丽娜，西南交通大学马克思主义学院讲师。
肖平，西南交通大学人文学院教授。

教师为中心转变到以学生为中心，教师的注意力应从对教材、教学体系的关注转移到对学生学习效果、自主学习能力、有意义的学习体验、行为品质的关注。

一、教学目标的细化

对教学目标的正确把握有利于教师布置适当的教学任务和选择合适的教学方法，也为开展有效的教学评价提供依据。

在以教师为中心的传统教学中，教学目标往往定位于较低层次的知识记忆和理解，而高层次的应用、分析、综合等能力目标并没有得到应有的重视，教育部高等教育司司长吴岩提出的金课标准之一就是高阶性，即知识能力素质的有机融合，要培养学生解决复杂问题的综合能力。近几年，高阶教学目标越来越受到关注，高阶教学目标正是以学生为中心教学的出发点和归宿。

工程人才培养目标，不仅要满足学生的发展特点和将来工作需要，更要适应国家发展的需要，满足中国工程走向国际化的需要。我国已经加入《华盛顿协议》,《华盛顿协议》对毕业生的素质要求包括以下方面：不仅仅是专业知识的学习，解决复杂工程问题的能力，责任意识、可持续发展、交流沟通、重视工程伦理问题、团队合作等综合能力的要求越来越高。工程伦理的重要性已经得到工程界和教育界普遍认同，工程伦理教学目标从笼统的增强职业道德意识到越来越具体和细化的要求，不仅要求掌握和深化工程伦理理论知识,更重要的是学生综合能力的提升，品德素质的提高，而这一目标有更为具体的教学内容来支撑。

培养学生的社会责任感是工程伦理的重要目标之一，美国心理协会主席斯滕伯格（Robert J. Sternberg）认为智能（intelligence）不足以界定拔尖人才，社会责任感应是拔尖人才的重要内涵。工程伦理的目标包括：提高工程伦理意识，增强分析复杂工程伦理问题和解决问题能力，实地调查研究能力、终身学习能力、交流沟通能力、合作能力、责任意识、规则意识等综合素质都有质的提升。

二、教学任务的精心设计

整体是由一个个细节构成的，没有细节作为事物的基础，就不可能存在整体的事物，教学细节的质量决定了教学的效果，教师和学生正是通过微小教学事件，共同完成课程的教育目标。教学任务是教学目标的具体化，能更好地促进教学目标的实现。工程伦理的教学任务主要包括课堂测试、学习日志、思维导图、作业等。工程伦理是线上线下混合教学，学生线上学习效果如何可以通过思维导图和课堂测试的方式了解，学习日志可反映学生学习的参与度和积极性，记录学习过程，这些都是学生评价的依据。

为了更好地实现教学目标，作业的内容和布置也是精心设计，循序渐进的工程伦理是促进学生的专业学习，利用专业知识造福社会，在工程伦理的教学中，一定要结合学生的专业，助力学生的专业学习，而不是相脱离，出现“两张皮”的情况。学生的工程伦理作业一共三个：① 本专业的社会贡献。学生在完成作业的过程中，会梳理本专业的发展史及社会贡献。这个过程有助于，培养对专业的自豪感，热爱所学专业，增加学习专业课程的动力。② 本专业的社会风险和前沿问题。工程师要有风险意识，要谨慎地规避风险，要有底线思维，创新离不开对前沿问题的关注。完成此作业，学生对本专业的风险和安全问题有一定的认识，能够提高责任意识和风险意识。③ 实践作业。现实问题具有实践性、综合性和复杂性，学生的综合能力只有在实践中才能表现出来，在实践中才能得到锻炼。“教师进行课程设计的时候，通常只是考虑课堂中发生的事情，而学生的学习大多发生在课堂以外，规划学生的课外活动、任务和作业重要性丝毫不逊于规划教师如何授课，课后活动的设计直接与学生应在教师所述的一门课中投入多少时间有关系。针对某一课程内容、活动任务、作业等，则应当与学习目标和学习成果相匹配。”教师要从学习者出发，为学生的将来做充分的准备，可以提前让学生体验将来的工作状态。教师要把学生的学习同现实世界结合起来，同社会实践结合起来。让学生走出课堂，有利于调动学生的积极性和参与性，激发学生的自主学习意愿，改善学习态度，增强学习动机。

三、教学方法的选择

根据不同的教学内容和专题选择不同的教学方法，如讨论、辩论、案例分析、角色扮演等。下面具体介绍几种方法。

（1）服务学习。实践作业要求学生能发现学校和现实生活中的工程伦理问题，或者是在参与老师的一些工程项目的过程中发现工程伦理问题并分析解决。知识的有用性、学习的真实性、任务的挑战性、环境的社会性、过程的互动性，这些因素都有利于促进学生积极学习，提高学生学习动机。在这个环节中，学生要关注他人和社会，了解社会和人们的需求，从自身实际出发，利用专业知识为社会和他人提供力所能及的帮助。服务社会和他人，提高了学生的服务意识和责任感，也培养了学生的工程伦理敏感性。工程伦理问题往往涉及多个部门，多个专业，多方利益，学生不仅要在同学内部进行沟通，还要同相关利益部门进行外部沟通，与不同的受众交流沟通。在传统的教学中，学生的沟通能力很难得到锻炼，在服务学习过程中，要解决问题必须要同相关部门沟通，这也是比较难的。比如学生发现道路问题或者台阶有安全隐患，必须要到学校相关部门如校园规划处或后勤集团进行沟通，怎样沟通有效而且能解决问题就很关键，如何阐述自己的解决方案让相关部门认可并解决问题对学生具有一定的挑战性。这些能力在传统的课堂教学中是很难提升的，学生的学习应该走出课堂，进入社会。

（2）小组合作。现在的工程都是多个专业、多个部门紧密配合的复杂工程，团队合作是必不可少的。在教学中为了提升学生的团队合作能力，我们采取的是小组合作学习模式。学习受到社会互动、人际关系和他人交流的影响。学习者在完成教学任务时，能够有机会与他人进行互动和合作，他们的学习会得到加强。在合作过程中，学生学会如何有效沟通，解决意见分歧。小组成员互相尊重、信任，在完成任务的过程中，每个成员各尽所能，献计献策。在小组合作中，“搭便车”现象是比较普遍的。为了防止这种情况产生，要求学生在小组讨论和作业中要注明分工。为了避免学生敷衍了事，老师要根据分工情况，抽查学生是否完成小组任务以及保证质量。在小组学习中，同学之间可以相互学习，尤其是不同专业的学生之间的学习交流往往会带给学生灵感，找到解决问题的途径。

（3）以学生为中心的课堂。在信息社会，学生获取知识的途径多种多样，他们缺少的是表达想法的机会。“工程伦理”课堂改变了以往老师讲授的方式，课堂上学生是主角。写和说的能力是终身学习能力。有的学生有想法，也能写出来，但不一定能表达出来，“茶壶煮饺子倒不出来。”在教学过程中，我们专注于提高学生表达能力。学生的作业要在课堂上展示，学生之间要交流和分享，学生为了表现出色，往往会更努力地完成任务。学生的自主学习能力跟同伴和老师的互动紧密相关。学习是共享、合作和支持的过程。教师要把学生视为教学过程中的共同创造者和相互学习的伙伴。学生的作业由教师和学生共同评价，学生在评价其他同学的作业的时候，也会认识到自己的不足，受到启发。

（4）讨论。讨论议题可以是老师提出，也可以是学生提出，也可以根据学生作业的问题进行讨论。“教师权力、权威和控制的绝对集中，塑造了学生对教师的强烈依赖，也进一步导致学生缺乏有效的学习技能和自主发展意识，表现出更多的学习焦虑、不自信和内在的学习动机的缺失。”课堂讨论强调从老师的看法到学生的看法，学生有了话语权，学生可以自由发表观点，更有利于促进学生的深度学习。从展示到分享到讨论的变化，表明课堂是发现问题、解决问题的地方，也是分享问题、思考、观点的地方，而不仅仅是展示答案的地方。这才是真正的课堂讨论，真正以学生为中心。在讨论过程中，教师要理解和尊重学生，信任学生，多些鼓励少些否定。研究表明，教师的肯定可以显著提升学生与教师的互动频率，提高学生的课堂参与度，增强学生的自我认同，进而在互动者之间创设良好的情感氛围。

四、教学评价的科学化

教学评价在教学中起着至关重要的作用，教学评价不仅能反映教学效果，更是调动学生学习的手段。教学评价影响学生学习积极性、兴趣和动力，是实现调动学生自主学习的主要工具。我们必须建立科学的评价方式，使其成为实现教学理念、提高教学质量的有力工具。

传统的评价方式主要是结果性评价，导致在教学中重记忆、轻能力，重知识、轻应用，能力、情感、品质等因素没有体现出来。罗杰斯把学习分为无意义学习和有意义学习。无意义学习只与心智有关，没有情感和个人意愿的参与；有意义学习则是使个体的知识、行为、态度、个性等发生重大变化的学习。以学生为中心的评价方式必须回归学生，评价学生的学习过程、学习效果、素质能力的提高。它不仅仅是对知识掌握和对运用知识的熟练程度的评价，还注重对学生的个性、品质、情感、态度的评价，更重要的是对学生在实践中解决问题的综合能力的评价。

让学生更多地参与到对他们有重要影响的决策中来。评价标准的制定要吸引学生的参与，学生参与制定教学评价标准，有利于学生更详细地了解教学目标和要求，根据评价标准，学生能更好地制定学习计划，更好地自我评价、反思和调整，学生自主学习能力有显著的提升。

科学的评价要有记录学生学习过程的“证据”，每个教师都希望自己的教学设计对学习者有用，是否真正对学习者有用。这就需要通过系统收集证据来说明，如课堂测验、思维导图，讨论日志，小组作业等。这些“证据”是学生学习效果的可视化表现，是学生学习的“痕迹”，反映了学生课堂参与情况、师生交流的信息、在线学习和讨论质量等。一个真正以学生为中心的反馈与评价，其目的不只是记录学习的结果，还能够让教师真正了解学生的学习进展，并帮助学生更好地学习。这些“证据”不仅有利于教师更好地了解学生的变化，学生也可以对比自身，了解自己的学习过程、学习收获，进行自我总结，调整学习计划和方法。

工程伦理具有实践性、复杂性，工程伦理实践环节具有涉及理论知识点多、实践步骤复杂等特点，因此要特别强调和关注学生在实践过程中的操作细节，教师要在评价细节中体会学生的变化、知识的积累和深化、实践能力的提升、好习惯的养成、情感态度的变化。

工程伦理的实践作业评价细节包括以下几个方面：

（1）从选题看工程伦理意识和服务意识。从学生的作业可以看出，有的同学发现、分析和解决了校园生活中的工程伦理问题，也有从社会生活和生产中发现工程伦理问题，都是为解决他人遇到的问题，服务他人，服务社会。

（2）学生努力程度，认真程度看品行。有些工程伦理问题的解决有些难度，需要同相关部门进行沟通；还有些受学生的专业知识所限。在这个过程中体现出学生对待挫折和困难的态度。学生自己解决不了，就向老师进行专业知识的咨询；也有的学生向别的专业的同学请教。很多同学在作业中都把自己解决问题时遇到的困难和努力记录下来。学生要学会反思，不断反省自己的态度、信念和行为。学生们在解决问题的过程中体会到坚持的重要性，收获颇多，不仅仅是知识上的收获，更重要的是培养了学生对于工作的高度负责和高标准的习惯。

（3）关注学生情感态度的变化。“润物细无声”，学生在实践中，对专业的情感和态度发生了明显的变化，增强了专业学习兴趣和学习动力。情感的变化同课程的教学内容、教学方法以及教学条件有着十分密切的联系。学生观察到的工程伦理问题往往是学校或者是学生生活中的问题，更容易感同身受。比如学生发现学校图书馆的安全隐患，为了让数据更有说服力，学生在学校放学人流比较集中的时间段，在人流量大的区域发放问卷调查，了解这个问题是否具有普遍性，收集学生的意见和看法。这一做法得到很多学生的支持，最后同学经过努力解决了这个问题，在课堂演示作业的时候得到了同学们热烈的掌声。努力得到老师和同学的认可，这是对付出努力的最好回报。学生的自豪与喜悦溢于言表。同学们体会到了利用专业知识为他人作出贡献的成就感和幸福感，树立起对专业的热爱和自豪，能够推动他们更努力地学习专业知识，也增强了他们利用专业知识造福社会、造福他人的责任意识。

（4）培养学生规则意识。没有规矩不能成方圆，专业技术规范是专业实践的总结和归纳，为了保障专业健康发展，保障工程的质量和安全，工程实践一定要遵守相应的技术规范，要树立规则意识。在实践作业中，学生要关注规章制度，养成遵守规则和敬畏规则的习惯。出现工程伦理问题时，学生首先要想到的是这个工程是否遵守了相关的规章制度和设计标准，并查找相关的技术规范要求。比如学生发现体育场看台上护栏的高度存在安全隐患，首先就要查找建筑的设计标准，看看护栏的高度是否符合设计标准。规章制度也是随着时代发展而变化的，在这个过程中学生还了解了本专业规章制度演变的历史过程。学生作业中是否遵守学术规范也是评价学生的要求之一。

每个学生都是独特的，各种评价方法与评价工具都不能完全评价出一个学生的全部素质与能力，各种评价方式对学生的评价视角又各不相同，评价方式要有一定的灵活性：既要有共性要求，又要有适合不同学生和小组的评价标准。苏联著名教育学家苏霍姆林斯基说过，教育的技巧并不在于能预见到课堂的所有细节，而是在于能根据课堂当时的具体情况，巧妙地在学生不知不觉中做出相应的调整。虽然老师制定了评价标准和要求，但是在教学过程中，学生经常会出现一些非预期的有价值的学习结果，学生经常会给老师“意外”的惊喜，老师要给予肯定和鼓励。这有助于学生学习积极性的提高。

在工程伦理教学中，以学生为中心，教学目标，教学任务、教学方法、教学评价在细节中落实，各方面相互配合、相互支持，学生的综合能力也会在细节中提升。

参考文献

[1] 林健．新工科人才培养质量通用标准研制[J]．清华大学教育研究，2020（3）：5-16.

[2] 阎琨，吴菡，张雨颀．社会责任感：拔尖人才的核心素养．华东师范大学学报（教育科学版）[J]. 2021，39（12）：32-45.

[3] 杨春梅．高校以学生为中心的教学理念与路径[M]．北京：北京理工大学出版社，2018.

[4] 高筱卉，赵炬明．积极学习类教学法：原理、方法与建议——“以学生为中心”大学教学法系列研究之一[J]．大学教育科学，2022（1）：35-43.

[5] 杨春梅. 高校以学生为中心的教学理念与路径[M]. 北京：北京理工大学出版社，2018.
[6] 杨春梅. 高校以学生为中心的教学理念与路径[M]. 北京：北京理工大学出版社，2018.
[7] 杨春梅. 高校以学生为中心的教学理念与路径[M]. 北京：北京理工大学出版社，2018.

融合传统文化的新时代高校通识教育美育探索

——以汉字视觉表现通识课程为例

陈立民　王　玮

【摘　要】基于新时代高校美育通识课发展的需要，梳理过去高校美育通识课存在的不足，重新审视高校大学生审美价值取向现状特征，以汉字视觉表现通识课程为例，将汉字的视觉探索与实践作为视觉艺术美育通识课的代表，融合传承传统文化与培养创新意识，使高校学生在学习与实践中增强文化自信，提升文化认同，总结了美育通识课的意义和价值就是正确引导大学生对美的认识，提高其审美能力和与创造美的能力。

【关键词】美育通识课程；传统文化；汉字；视觉体验；传承与创新

大学通识课程中的美育教育是当代高校教学环节中的重要工作之一，也是大学生素质教育的组成部分，对于高校美育教育来说，其重要性不言而喻。其基本任务是以马克思主义美学思想为指导，培养人的审美意识、审美观点，对正确引导当代大学生对美的认识、完善人格、提升素养、提高他们的审美能力和创造美的能力都起着重要的作用。

一、美育通识课在高校的发展

德国 18 世纪著名的诗人、美学家弗里德里希·席勒在 1795 年就对

基金项目：西南交通大学设计艺术学院新型交叉学科培育基金“艺工融合美育探索”（YG2022001）；西南交通大学 2021 年度本科教育教学研究与改革项目（2021107）；院级课程思政建设项目。

作者简介：陈立民，西南交通大学建筑与设计学院副教授；研究方向：艺术设计。
王玮，西南交通大学建筑与设计学院副教授、博士；研究方向：艺术设计。

审美教育的定义及重要性进行了阐释，指出通过审美，人可摆脱感性欲望的控制与理性法则的约束，达至人性的完善，获得思想的自由。席勒的思想对美育教育的推动影响深远，并且一直延续至今。

20 世纪初美育课程开始进入中国，自 90 年代起，我国已将美育课程纳入大学选修课程。1996 年 7 月，国家教委颁发的《关于加强全国普通高等学校艺术教育的意见》中指出艺术教育是学校实施美育的主要内容和途径，并且把“大学音乐鉴赏”“大学美术鉴赏”“大学影视鉴赏”“大学美育概论”四门课程作为大学选修课程。

2014 年，习近平总书记在文艺工作座谈会上发表重要讲话，深刻阐述了文艺和文艺工作的重要地位和重大使命，并强调艺术创作必须创作生产更多传播当代中国价值观念、体现中华文化精神、反映中国人审美追求，思想性、艺术性、观赏性有机统一的优秀作品。

2020 年，国家颁布了《关于全面加强和改进新时代学校美育工作的意见》(以下简称《美育工作意见》)，美育教育与课程思政产生了紧密的结合，成为高校构建“大思政”体系的重要组成部分和能动力。《美育工作意见》强调了高校美育课程的育人功能，对美育工作的深化、设计、推进都有了进一步的认识；从原因、内容、方法上明确了当代高校的美育工作，凸显美育的价值功能，进一步完善美育的系统设计，进一步拓展美育的实施路径，进一步强化美育的组织保障。按照《美育工作意见》提出的目标和要求，高校明确了美育教育的任务重点，在师资队伍、基础设施建设等方面也得到了加强，课程与课程评价体系逐渐得以完善，有效地推动了新时代学校美育的发展。

二、高校美育通识课程的现状

自《美育工作意见》以来，众多学界人士响应号召，提出了进行学科建设顶层规划必须与美育理念相结合的理念，美育将从各个维度对学科建设进行全面的支撑，助力创新能力培养，重塑技术美的维度，培养社会需求的新型人才。

近些年，我国大多数高等学校都开设了美育通识课程，已经开始探索如何对大学生进行有效的美育教育这一课题，但是没能深度挖掘并探索各个相关专业与通识性美育教学之间的关系，更加不能将各个环节、各个方面的问题进行紧密结合。此过程中存在着一些明显问题，大学通识教育中的美育实施情况总的来说并不尽如人意。

（一）重视程度不够，形式单一

高校对培养学生的艺术教育、美学认识的核心素养不够重视，很多美学课程仅限于简单的表面学习，没有通过美育教学真正传达艺术和美学的本质。大学生在主修科目以外很少能够接触到艺术和美学，而美学教育课程在高等教育中的教学方式与其他课程相同或者相近，课程内容往往是照本宣科，缺少创新与拓展。美育通识课的形式很大程度上停留在单一、枯燥的理论叙述加 PPT 展示的层面上，内容同质化，大多数教学内容不能引起学生的学习兴趣，这削弱了其功能，达不到教学目的。在这种情况下，美育课程的内容是片面的，学生的文化审美和艺术修养的提升达不到教学目标。

（二）课程目标不明确，引导不足

在高校中，通识教育是一种跨专业的人文教育，在专业划分、专业属性上没有明确的界定，并且超越了功利性与实用性。所以美育通识课与艺术类专业课完全不同，应该着力在“通”与“识”上面想办法、下功夫，而现阶段的许多美育通识课呈现出较强的专业性，对技巧、技法有一定的要求，如绘画、摄影、音乐等，并没有与学生的学习兴趣、实际生活和将要面对的工作相结合，特别是在理工科大学。所以现在的此类课程不能满足当今学生的实际需要，教学目的很难完全实现，教学质量也得不到保障。

（三）美育没有与文化特征有效结合

高校开设艺术鉴赏等通识教育课程时，往往认为审美教育已经完成，但通识中的美育应该更加重视“育”而非“教”，除了讲解、分析艺术知识和技能外，美育教育更应注重培养如何提高审美认识和人文素养。因此，不仅要从艺术的角度，还要从文化特征和历史价值的角度提高学生的审美素质。

三、高校学生审美价值取向现状

（一）具有不确定性，现实功利性

我国高校学生对复杂多样艺术形式既存在好奇心又存在许多不确定性，爱好和兴趣广泛，也具有一定的现实功利性。

现代信息技术高速发展，快节奏的工作与生活使人们日常中呈现出审美泛化的倾向。消费文化背景下，这种倾向正通过网络媒体在各个年龄阶段的人中间传播，对年轻人的影响尤其明显。处于思想成长期的大学生迅速地接受了这种传播方式，审美价值观念的形成被深刻地影响。

（二）审美价值取向娱乐化

由于物质文化、大众文化、网络文化的强势出现，技术手段的发展迅速，现代人们获取信息的方式发生了巨大的改变，生活、学习、交友等都成为“娱乐”的一部分，社会的审美正经历从说教、整体活动到个人行为模式的转换，这使得整个社会的审美风格都发生了重大变化，也促使了审美的娱乐化趋向。

当代大学生思维活跃，追逐时尚，能够很快接受新事物，在学习知识的同时寻求快乐、愉悦和放松，而审美的娱乐化使得无论是知识的获取还是体验都呈现出表象化的倾向，对更加深层的内容（包括艺术作品的背景、思想、创新、技术、表达等）并不十分关心，更谈不上分析研究。

四、美育通识课程中的传统文化——汉字的视觉探索与实践

教育部 2019 年发布的《关于切实加强新时代高等学校美育工作的意见》(以下简称《高校美育意见》，对美育在不同阶段分别提出了不同目

标定位，对高等教育中的美育提出了更高的要求，《高校美育意见》中指出：高校要开设能够传承中华民族优良传统文化和艺术经典的公共艺术课程，以培养具有崇高审美、高尚人格和创新能力的高素质人才为最终目标。

从历史的角度上来看，任何一个民族的发展，都离不开民族文化的繁荣，中华民族要实现伟大复兴就必须实现文化的复兴；在高校教育中弘扬社会主义核心价值观，就应该立足于中华优秀传统文化。中华文明绵延数千年，创造出博大精深的、独特的价值体系，深刻地影响着中国人的思维方式和行为方式。高校进行的美育教育课程内容可以让学生了解和学习优秀中华传统文化，这有利于优秀传统文化的传播和发展，加强当代大学生传承中华优秀文化的使命感和责任感，从而产生较强的文化创新意识。

对高校学生进行的美育通识教育，既然要创造性地发展中华文化，以弘扬创新中华文化为目标，首先就要清晰地了解中华传统文化蕴含的丰富和独特的资源，使其成为美育通识课程内容的依据，并有针对性地开展以传统文化为主题的美育通识课程。传承传统文化的美育通识课程要树立高度的文化自觉和文化自信，维护民族文化的基本元素，加强对优秀传统文化传承体系的建设，使其成为新时代的精神力量。在此以汉字视觉表现通识课程为例，此课程较有代表性地体现出了艺术、当代设计与传统文化的关系。

（一）汉字是中国传统文化的独特载体

文字是人们表达情感、记录语言、传承文化的视觉符号。汉字作为一种语言载体，从殷商时期的甲骨文开始到现在已经有三千多年，无论历史的舞台如何变化，朝代政权如何更迭，在一次次民族大融合之后汉字仍然沿袭使用至今。从汉字最初形式来看，象形是一种主要的、基本的造字方式，同时还有会意、形声等存在，这种造字的方式在全世界主要文字中是独一无二的。汉字在我们的生活中是无处不在的，随着我国综合实力的不断发展，汉字在全球范围内的影响也越来越大，还成为中华文化在世界文化中的一张名片。

汉字视觉表达的通识课程从汉字的形成（字源、字根）和字形结构入手，鼓励和引导学生发现和观察身边汉字，通过对汉字造字基本原则和规律的了解,实践汉字字形的多元化视觉表达并进行不同场景的应用。

（二）汉字拥有独特而准确的表达方式

早期的汉字与其说是写字，还不如说是一种画图形式，因为汉字有着较为完整的外在图像性表达功能，不但传达含义，还具有情感和情趣。汉字沿用千年的一个重要原因是贴近生活，多数基础汉字都会有相应的物象场景支撑。所以与许多表音文字相比较，汉字的视觉表达是建立在“形”的基础上，特别是汉字的字形与字音是剥离的，有些汉字看到字形虽不能读出字音，但是可以了解词义，能够“望文知义”“望文生义”，这个时候的“文”就是“纹”，它起到了“纹样”的作用，也就是文字的形象，这些都需要根据内容和场景，运用丰富的想象力，进行装饰、变化、组合而成新的视觉内容，是对汉字形态美的再次塑造；从视觉角度进行探寻和表现；建立独特的视觉印象，以全新的形式来表现深刻丰富的内涵，传达出深刻、准确的信息。

（三）文化性与创新性的融合

汉字视觉表达的美育通识课从知识、能力、素养等三个大类目标入手，带领学生进行课程学习，除了讲授汉字的基础专业知识如汉字的起源及发展、汉字的结构特点、汉字视觉设计的功能和意义、不同风格的汉字运用、汉字设计在不同场景和载体的使用外，还着重强调汉字的文化性和引导学生在创新性上的突破，培养提升学生对汉字的审美品位和创新能力，并适当地进行创意实践。

在中国的大多数设计领域，汉字都是设计师绕不开的视觉元素，用好汉字是一个需要认真积极面对的问题，因为汉字不但承载着信息的传递，还具有强烈的装饰性、文化性和视觉表现力。以汉字为主题的美育教育，就是传承中华优秀传统文化与培养创新意识的高度融合，使高校学生在学习与实践中增强文化自信，提升文化认同。

五、视觉艺术美育通识课的意义和价值

艺术与科学是不可分割的，就像硬币的两面，它们共同的基础是人类的创造力，追求的目标都是真理的普遍性。美育教学在我国人才培养体系中尚未发挥足够的作用，通过美育教学，改善审美品位，会影响人们的人文素养，从而构建高校艺术生审美价值取向培养的育人体系，促使大学生把审美能力潜移默化地运用在专业技能中，帮助学生树立正确的世界观、人生观、价值观，并对校园文化、学生成长以及企业和社会的美学环境形成正面的影响。

（一）提升文化氛围，形成良性引导

设计艺术美育课程开展的过程中所产生的探讨、成果，都有利于构建良好的校园艺术氛围，在综合性高校中强调美学的重要性，提升高校艺术环境和对美学的讨论氛围，校园也会因为美育体系的存在而形成良性的文化气氛，营造出积极向上的校园环境，对学生的成长形成良性引导。

（二）加强审美意识、提升文化自信

在人才培养方面，美育课程的开展有利于加强学生的审美意识，提升学生感受美、欣赏美、创造美的能力；在美育教育过程中帮助学生认识社会、认识世界。帮助青年学生树立文化自信、民族自信，满足青年学生在工作和学习过程中对美的欣赏和运用的需求;让青年学子更全面、客观辩证地认识自身文化，提升对中华文化的认同。

（三）培养复合人才、改善美学认知

目前高校毕业生人数逐年增加，面临较大的就业压力，而各方面均衡发展的复合型人才越来越得到企业的青睐。在学生未来即将步入的职场中，审美意识和创造美的能力也将为高校学生提供更强的竞争力，他们也会因美育教学而得到更好的发展。学生步入社会后将进一步改善企业和社会对美学价值的认知。

设计艺术为主题的美育通识课程从身边入手，从小处入手，激发学生对设计艺术和传统文化的兴趣，可以提升学生的美学素养和动手实践能力，为学生走入社会和职场可能产生的需求做准备。通过审美通识课的学习和引导，有助于提升高校学生的审美能力，提升学生的文化自信，并且可以激发他们去自觉地承担起传承、创新民族优秀文化的任务，培养具有高度社会责任感、良好的文化和艺术素养、具有创新精神和创业意识的高素质应用型人才。

参考文献

[1] 习近平. 在文艺工作座谈会上的讲话[J]. 美术，2015（11）：4-10.

[2] 郭声健.《关于全面加强和改进新时代学校美育工作的意见》：一部新时代学校美育改革发展的纲领性文件[J]. 美育学刊，2021，12（1）：7.

[3] 海军. 视觉的诗学：平面设计的符号学向度[M]. 重庆：重庆大学出版社，2007.

[4] 唐汉. 发现汉字：图说字根[M]. 西安：陕西师范大学出版社，2007.

[5] 李湘. 李政道谈科学与艺术的关系[J]. 文艺研究，2002（5）：3.

新工科视野下行业型大学的通识教育

潘小东

【摘　要】本文深入分析了通识教育的目标、任务、主要特征和发展历程，以及目前大学通识教育存在的主要问题。在此基础上，针对新工科建设背景下行业型大学的通识教育，提出了行业型大学通识教育的目标、任务以及相应的实施路径。

【关键词】新工科；行业型大学；通识教育；通识能力；课程通识

2017年以来，教育部积极推进新工科建设，探索工程教育改革的新模式、新经验，并提出了“问产业需求建专业，问技术发展改内容，问学校主体推改革，问学生志趣变方法，问内外资源创条件，问国际前沿立标准”的新工科建设理念。新工科旨在培养能够适应并满足未来新兴产业和新经济需要的，具有更强实践能力、创新能力、国际竞争力的高素质、复合型人才，这就向大学教学提出了新的要求。而传统的以专业性教育为主导的大学教学已经无法满足新工科人才培养的需要。因此，加强通识教育，不仅是新工科建设的题中之义，也是培养新工科人才的必然要求。

基金项目：中国高等教育学会理科教育专业委员会2020年度高等理科教育研究课题“新工科建设背景下的数学课程教学改革与实践”（编号：20ZSLKJYYB30）；高等学校大学数学教学研究与发展中心2020年教学改革项目“在高等数学课程中融入思政教育，创新课程育人模式的探索与实践”（编号：CMC20200415）；西南交通大学2020年本科教育教学研究与改革教学实践类项目“‘双一流建设’背景下公共数学课程教学改革与实践”（编号：20201034）。

作者简介：潘小东，西南交通大学数学学院副院长、副教授、博士研究生导师；主要研究方向：高校数学课程教学研究、教育管理。

一、什么是通识教育

所谓通识，是一定时空、一定社会物质生活条件、一定的社会生产力发展水平之下的常识性知识和能力的统称，并不存在绝对意义上的通识。通识教育是指非职业性和非专业性的教育，旨在帮助学生正确认识个人与自然、个人与社会以及个人与自身之间的关系，目的是培养个性全面发展、德才兼备且富有社会责任感的现代公民。

一般而言，通识教育具有以下几个特征：基础性、时代性、政治性、民族性。所谓基础性，是指通识教育的非专业性，通识教育旨在让学生掌握基础知识、具备基本能力并形成基本素养，以便为他们以后的职业发展奠定必要的基础。所谓时代性，是指通识教育的内涵总是随着时代的发展而发展的，不同的时代、不同的生产力发展水平、不同的社会物质生活条件下需要不同的通识教育模式以及相应的通识教育内容。因此，通识教育是由一定的社会经济基础所决定，并为一定社会经济基础服务的。所谓政治性，是指通识教育应该服务于且服从于一定的政治目的。事实上，任何教育都无法独立于政治而存在，任何教育都具有政治性。资本主义国家大学的通识教育为资本主义制度、为资产阶级的统治服务，社会主义国家大学的通识教育应该为人民服务、为社会主义建设服务。所谓民族性，是指通识教育应与其产生的文化背景相适应。通识教育需要帮助大学生形成自己的价值观、世界观和人生观，而不同的民族往往有不同的文化、不同的信仰以及不同的价值追求，必然也会孕育出不同的通识教育。

大学通识教育在认识上往往存在以下几个误区：① 通识教育就是精英教育，目的是培养社会精英或“达·芬奇式”的通才；② 通识教育能够解决当前大学教育中存在的绝大多数问题，通识教育比专业教育更重要；③ 通识型人才就是无所不通的全能型人才，通识教育就是培养万事通，因此，什么流行学什么，什么新学什么，什么前沿学什么；④ 搞通识教育应彻底否定现有的教育体系、重构现有的人才培养方案；⑤ 目前培养方案中的公共基础课不是通识课，而前言、导论、赏析这类概述性质的课才是通识课。

二、实施通识教育的原因及当前通识教育存在的主要问题

事实上，大学从源头上讲都是通识教育。早在春秋时期我国大教育家孔子所倡导的“君子不器”，就是希望他的学生能够做一个通才，而不能像一个器皿一样，只局限于某一方面的作用。用今天的话来说，就是通识教育的思想。无论是我国周朝贵族教育体系中要求学生掌握的“六艺”礼、乐、射、御、书、数，还是历代儒家学子研学的核心书籍“四书五经”，都属于通识教育的范畴。在社会生产力水平相对比较低下的情况之下，大学早期的通识教育本质上属于精英人才教育，专业性大学教育则是在19世纪中叶伴随着工业革命的发展而兴起，并随着工业社会的进步而不断扩大的。机器生产代替了手工劳动，科学知识在工业生产中的应用和社会分工的日益精细化使得更多的职业人才需要在大学中接受培训，而之前那种以传授文科知识为主的百科全书式的通识性教育已经无法适应工业社会和科技发展的需要。在这种情况下，发展专业性大学教育就成为一种必然。专业性大学教育同时包含精英教育和大众教育的性质。然而，专业性教育在极大促进了工业发展的同时，却限制了人类自身的全面发展，人的本性无法得到有效的释放。这种矛盾随着社会的进步和人类生活水平的提高而日益凸显，这就促使人们不得不重新思考大学教育的意义以及人类自身发展的本质，也进一步推动着大学教育的改革。针对专业性大学教育学术分科过细、知识被明显割裂的状况，西方一些大学先后提出并实施了一种被称为“博雅教育”的通识教育模式。现代的大学实际上已经被分成了两部分：一部分是学术性的，另一部分是专业性的。这种分离呈现出两种不同的模式：一种模式是两种不同的高等教育存在于同一所大学之内，比如英美的大学；另一种模式是两种不同的高等教育分别以不同的学校而存在，比如法国和德国。1945年，哈佛大学发表《自由社会中的通识教育》报告（即哈佛“红皮书”）提出：教育可分为通识教育与专业教育两部分。前者作为大学教育的一部分，主要关注学生作为一个有责任感的人和公民的生活需要，解决的是把学生培养成什么人的问题；后者则给予学生某种职业能力的训练，解决的则是职业技能的问题。当前，我国高等教育已经进入普及化阶段（2020

年我国高等教育毛入学率已达到54.4%)，因此，现代意义的大学通识教育（至少对于行业型大学而言）已经不再是精英教育，而属于大众意义的素质教育。

目前，我国大学通识教育存在以下主要问题：① 认识层面：老师以及学生对通识教育的目的、意义及实施路径的认识存在偏差，为什么要实施通识教育，通识教育到底教什么，怎么教，并未形成完全的共识。② 实施层面：千校一面，忽视学校自身在学科专业、人才培养层次、培养目标、客观办学条件等方面存在的差异，盲目照搬西方大学的通识教育模式；通识教育的课程设置不科学、不完善，因人设课的情况普遍存在；通识课程的门类五花八门，但多为通论、概论、赏析之类的浅层次课程，规范性差，质量也不高，所谓对学生的个性化培养往往有名无实；通识课程教学资源明显不足、教学计划随意，蜻蜓点水式的填鸭式教学或讲座式教学普遍存在，通识课往往沦为有名无实的“水课”；通识教育的师资队伍明显不足，有能力开设高水平通识课程的老师非常少。③ 效果层面：形式大于内容；或者老师有热情，但学生没兴趣也不重视，或者老师和学生都有热情，但认知过程仅仅停留在浅层次的了解层面；通识课程挤压专业课让学生顾此失彼，本希望培养出“博雅专精”的人才，但实际上既没有实现博雅，也远没有达到专精，通识课成了学习的负担。

三、行业型大学通识教育的实施路径

当前国际格局和国际体系正在发生深刻调整，全球治理体系正在发生深刻变革，国际力量对比正在发生近代以来最具革命性的变化，世界范围内呈现出影响人类历史进程和趋向的重大态势。我国发展既面临前所未有的机遇，也面临前所未有的挑战。在这样的一个历史节点，对于行业型大学而言，通识教育教什么，又如何教呢？首先，通识教育的目标和实施策略应根据学校的办学定位和人才培养目标来确定，“培养什么人”决定了“采用什么样的通识教育”；其次，大学通识教育应遵循大学生的身心发展规律和认知规律，不能一味追求广度，也不应该过分追求深度；最后，大学通识教育的核心任务在于培养学生的通识能力，不在于教授学生通识知识，通识课程宜少而精，不宜多而浅。对于行业型大学通识教育的实施策略，笔者认为可以从以下几个方面进行考虑：

（1）通识教育应体现基础性、方向性和个性化，构建“基础通识课程+专业核心通识课程+个性化通识课程”的金字塔式通识教育课程体系。其中，基础通识课程是指根据学校的总体办学定位设置的基础性强、内容覆盖面广且有利于发展学生通识能力（包括独立思考和价值判断能力、自主学习能力、有效的沟通和交流能力、数学能力等）的课程，这些课程是通识教育的基础；专业核心通识课程是反映专业核心思想、知识体系、未来发展趋势的专业类通识课程，旨在为学生未来的专业发展提供必要的指导；个性化通识课程是根据学生的兴趣爱好，能够促进学生个性全面发展的通识课程。应避免开设一些内容较浅的了解性通识课，这类通识课可以用举办讲座的方式来代替。

（2）正确处理好通识教育与专业教育之间的关系，形成通识教育和专业教育相互融合发展的新格局。对于行业型大学而言，学生的专业素养和专业能力依然是人才培养的根本，实施通识教育不能弱化专业教育的主体地位。按照毛泽东同志的《实践论》，认识的过程是一个实践、认识、再实践、再认识的循环往复的过程。专业教育和通识教育可以看作具体与一般之间的关系、感性和理性之间的关系，因此，一方面，专业教育能够为通识教育提供丰富的感性材料，让通识教育更有温度；另一方面，通识教育能够为专业教育提供指导思想、理论和工具方面的支持，提升专业教育的质量和水平，拓展专业教育的宽度。

（3）正确处理好通识教育与课程思政以及现有培养方案中公共基础课程之间的关系。一方面，课程思政旨在对学生施加意识形态方面的影响，从本质上讲就是通识教育；另一方面，通识课程也需要进行课程思政建设以保证通识教育的性质和方向。因此，通识教育与课程思政是一脉相承、互为补充的。另外，实施通识教育不应该，也不需要否定现有的人才培养方案。事实上，目前行业型大学人才培养方案中的很多公共基础课程都具有通识教育的性质，因此，可以通过调整、补充、完善现有的公共基础课程体系来实现通识教育的部分功能，比如把基础通识课程包含在公共基础课程中。

（4）实施课程通识教学改革，在专业课程教学中融入通识教育理念。通识教育应该是全员、全过程、全方位的教育，不是单纯开几门通识课程就可以完成的任务。因此，要避免出现通识教育和专业教育“两张皮”的现象。实施课程通识不仅是发展通识教育的有效途径，同时也是提高专业教育质量的内在要求。事实上，任何专业理论的产生、发展都不是孤立的，而是始终处于普遍联系和相互作用的过程中。从这个意义上讲，专业理论本身就带有一定的通识性质。丁石孙先生在《数学的力量》一文中提到的关于培养学生逻辑思维能力的例子也可以作为实施课程通识的佐证。从前在教育改革中，为了提高中学生的逻辑思维能力，开设了形式逻辑课程，后来发现效果很差，但开设平面几何课程却可以有效提升学生的逻辑思维能力。这里面的原因，就在于形式逻辑学课程虽然包含了逻辑思维的一般规律，但相对比较抽象难懂，而平面几何的内容更具体，也更直观。

（5）学校应该对通识教育课程体系进行统一规划，支持教师利用信息技术创新通识课程教学方法，同时，制定统一的通识课程质量标准。通识教育可以鼓励百花齐放、百家争鸣，比如在个性化通识课程模块开设通识教育讲座等。但对于面向全校的基础通识课程，还是应该选用或自行编写统一的通识课程教材，制定统一的课程考核办法。统一的课程质量标准和规范的课程教材能够在一定程度上解决目前普遍存在的通识教育师资不足的问题。事实上，我国古代的通识教育就是采用这样的模式，“四书五经”就可以认为是通识教育的标准教材。各个学校也可以根据学校的办学定位和通识教育的目标编写符合自身特点的通识教育规范教材，形成新时代的“四书五经”。

四、结束语

总体来讲，通识教育应该是全过程、全方位、全员参与的教育，而且是终身教育。不同的年龄阶段应该有不同的通识教育目标，涵盖不同的通识教育内容。对行业型大学而言，实施通识教育是新工科建设背景下人才培养的必然要求，但同时也必须认识到，培养德才兼备的专业人才是行业型大学的根本任务，因此，行业型大学实施通识教育不能淡化或弱化专业教育的主体地位。虽然通识教育是非职业性教育，但行业型大学实施通识教育不能忽视学生的职业规划，毕竟，就业乃民生之本。

通识教育的主要任务不是让学生掌握尽可能多的通识知识，而是培养学生能够为未来的发展做好准备的通识能力。要形成这样的通识能力，必须下大力气建设好基础通识课程。实施通识教育要避免通识教育与专业教育“两张皮”，应通过“通识、专业、高阶通识、高阶专业”这种循环往复的教育模式逐步形成通识教育和专业教育融合发展的通识教育新格局。

真正的通识课程绝不是让学生仅仅了解一些通识概念的“水课”，而应该是培养学生通识能力，以便让他们为未来生活做好充分准备的“金课”。

参考文献

[1] 张大良. 新工科建设的六个问题导向[N]. 光明日报，2017-04-18（13）.

[2] 吴岩. 新工科:高等工程教育的未来——对高等教育未来的战略思考[J]. 高等工程教育研究，2018（6）：1-3.

[3] 吴岩. 勇立潮头，赋能未来——以新工科建设领跑高等教育变革[J]. 高等工程教育研究，2020（2）：1-5.

[4] J B CONANT. General Education in a Free Society[M]. Cambridge: Harvard University Press, 1945: 39.

[5] 哈佛委员会. 哈佛通识教育红皮书[M]. 李曼丽，译. 北京：北京大学出版社，2010.

[6] 丁石孙. 数学的力量[J]. 安徽科技，2002（10）：4-6.

新时代培养学生跨学科核心素养的通识教育探索

——兼评西南交通大学通识教育创新实践

宋爱玲　陈　锴　刘　翔　彭　鉴

【摘　要】 新时代新使命要求教育必须加快创新发展，培养时代新人，建设高等教育强国。厚基础、宽口径、具有跨学科核心素养的创新型人才培养成为通识教育目标，大学通识教育需要与时俱进，进行新思考，寻找了新方向，探索新路径。本文对西南交通大学通识教育变革的新尝试及新成效进行了评述，旨在为新时代通识教育的探索提供借鉴。

【关键词】 跨学科；核心素养；通识教育

新时代新使命要求教育必须加快创新发展，培养时代新人，建设高等教育强国。通识教育作为“全人教育”，在帮助学生打下较宽厚、扎实的专业基础以及形成合理的知识和能力结构，促使学生发展全面的人格素质与广阔的知识视野方面起着至关重要的作用。随着经济社会进入新发展阶段，社会对人才的需求越发清晰，厚基础、宽口径、具有跨界能力的创新型人才成为新的时代需求。“新工科、新医科、新农科、新文科”正是在这一新的历史语境中提出的人才和学科发展新方略。在此过程中，通过通识教育培养学生跨学科核心素养，不仅是新时代“四新”建设的

基金项目：四川省首批新文科研究与改革实践项目 104“基于跨学科‘一流课程’课例研究探索新文科教学模式的改革实践”；西南交通大学研究生“研究类”教育改革项目（YJG4-2020-Y044）“基于跨学科课例研究对跨界人才培养机制的实践探索”。

作者简介：宋爱玲，西南交通大学体育学院副教授、硕士。
陈锴，西南交通大学体育学院副教授、硕士，在读博士生。
刘翔、彭鉴，西南交通大学体育学院在读硕士生。

题中之义，也是新时代“四新”建设的重要抓手。

一、新时代背景下通识教育的新思考

通识教育（General Education）的概念起源于古希腊自由教育，1945年哈佛大学校长科南特推动本科生课程体系改革，发表了著名的红皮书《自由社会中的通识教育》。[①]中国近代，清华大学前校长梅贻琦也曾倡导过“通才教育”。高等教育在西方与中国产生的背景虽不同，教育目的与途径其实是一致的。通识教育与文化素质教育均要求学生既能融会贯通，通达不同领域的知识，又能整合所学的知识，注重全面发展。多年来，通识教育在我国快速推广，不仅推动了人才培养和学科建设发展，还成为大学教育改革的一个重要方向。但新时代教育肩负着培养时代新人的使命，通识教育仍然存在着诸多影响目标达成的问题，需要我们进行再思考。

影响最为明显的应该是在多年的实际操作过程中，由于分科、分类的积习，多数大学通识教育成为脱离于专业教育的一种可有可无的存在。存在问题包括：第一，教学模式单一，目前国内通识教育多采取大班教学的方式展开，以传统讲授模式为主，学生参与度不高，仅仅为了学分而选课。第二，课程设置受社会氛围影响，盲目开设课程，学生上课体验感和获得感均与其预期不符，导致多数学生视大学通识教育课为“水课”。第三，课程设置不合理，国内许多大学通识课缺乏系统性规划，课程设置上欠缺跨界融合意识，未能打通学科之间的壁垒，导致学生跨学科核心素养难以养成。

二、新时代背景下通识教育的新方向

党的十九届五中全会明确了“建设高质量教育体系”的政策导向，并确定了到2035年建成教育强国的目标。习近平总书记在清华大学考察时强调，要用好学科交叉融合的“催化剂”，加强基础学科培养能力，打

① 李凤亮、陈泳桦：《新文科视野下的大学通识教育（山东大学学报哲学社会科学版）》2021年第4期。

破学科专业壁垒，对现有学科专业体系进行调整升级，瞄准科技前沿和关键领域，推进新工科、新医科、新农科、新文科建设，加快培养紧缺人才。[①]面对新使命新要求，推动高等教育改革创新，加快培养紧缺人才，必须加快“四新”建设。

“四新”建设不仅为大学通识教育的发展提供了契机，更能优化学科专业结构，解决学科细分问题以应对教育改革提出的新要求，为新时代人才培养设置新规格。当今世界共同面临的全球化问题已经无法用单一学科或单一思维去解决，需要以跨学科甚至是超学科的视野去弥合解决。应通过大学通识教育发挥各个学科之间沟通的纽带和桥梁作用，促进学科之间的跨越和融合。为应对当前全球化、现代化、复杂化、个性化的社会问题，需要用跨媒介的方法、跨文化的思维、跨学科的核心素养去重构教育体系和教育目标。因此，突破单一学科思维，构建跨学科格局，既要打破学科壁垒，实现通识教育的跨学科、多学科交叉融合，又要注重通识教育学生跨学科核心素养的培养。因此，需要我们把握好通识教育的现实基础，从新的要求出发，转变通识教育建设观念，从培养目标、课程体系、教学模式、教学内容等诸多方面大力推动通识教育的变革与创新发展。

三、新时代背景下通识教育的新路径

开展通识教育，大学应如何寻找跨学科核心素养的落点？答案是课程。课程是人才培养的基础和依托，课程建设水平和教学效果决定能否实现人才培养的目标，决定着教育质量和水平。因此，课程建设在通识教育中也同样具有举足轻重的地位和影响。笔者认为通识教育应从体系上去探索新路径，即内容体系、方法体系和支持体系。

（一）内容体系是学校通识课程的顶层设计

核心素养的有效落地要通过高质量的课程设计来实现。基于此，学

---

① 杨柏岭：《大力推进新文科建设创新发展》，《光明日报》2021 年 9 月 17 日。

校课程设计要重点做好两件事。一是对标新时代要求和使命明确育人目标，把新时代国家要求、社会需求、学校追求全程全域融入通识课程。二是结合学生个性化特点，从横向拓宽和纵向加深两个维度鼓励跨学院合作开设跨学科课程，搭建跨学科核心素养培养的平台。

（二）方法体系是通识教育的课堂教学策略应用

核心素养要落地，课堂是主渠道、主阵地。有效的课堂教学，可通过课堂的教学设计予以实现,可通过教学策略的应用建立知识间的联系、学科间的联系、学科与生活的联系，使核心素养在课堂教学中落地。课堂教学要注重引导学生在情境化的学习中主动建构跨学科素养，通过有效的、持续的探究，充分地挖掘自身的发展潜能。

（三）支持体系是通识教育教师队伍的专业发展

培育核心素养，关键在教师，关键在培养造就一批有教育情怀、跨界视野、探索精神的好教师。这样的教师，会更加注重基于独立思考、逻辑推理、学会学习的“认知能力培养”，更加注重引导学生形成跨学科的意识、与他人合作和遵守规则的“合作能力培养”，更加注重鼓励学生勇于探索、大胆尝试的“创新能力培养”……[①]因此，通识教育要坚持不懈加强教师专业发展，为教师搭建多学科、多样化的交流与发展平台，打破学科壁垒，活跃多元智能的互联共济。

四、新时代背景下通识教育的新尝试

2015 年起，西南交通大学就积极尝试探索拔尖创新型人才培养，首次依托茅以升学院，在来自土木、机械、电气、信息、交运、力学、材料、测绘、金融、数学、中文等 11 个不同专业的学生中实施跨学科的特色教育，并经过多批次的跨学科通识课程建设，截至目前面向全校已建设完成了 56 门课程，在全国高校的跨学科教育中排名前列，并形成“新工科”背景下西南交通大学的教学创新特色之一。

① 陈永平：《如何寻找核心素养的落点》,《中国教育报》2022 年 2 月 1 日。

学校面向未来提前谋划、积极求变，基于系统创变原理做好顶层设计，依托教务处与教师发展中心提升教师教学能力，推进通识教育跨学科模式，探索拔尖创新型人才培养。鼓励教师自组织联动，将大学使命、教师多维发展、课程实践创新、学生全人发展愿景整合，创建“双螺旋支撑、自组织联动、同向共振”多维动态视域下的跨学科实践共同体，通过通识教育大胆开展跨学科教学创新尝试。

（1）以适应高等教育未来发展趋势、大学发展战略及教师发展需求为前提，强化学习功能，教务处和教师发展中心形成双螺旋支撑，提供资源平台，形成助力教师专业发展的有力支持。

（2）以社会建构主义理论、合作学习理论及情境学习理论为基础，强调实践功能，教师自组织联动，搭建跨学科实践小前台与教师社群反馈大后台，形成同伴互助回路，打通跨学科教师教学实践与合作交流的通道。

（3）以学生认同分析为基础，以融合个人发展与组织创新为目的，强化价值导向，将学生跨学科素养的培养作为教学核心目标成为通识教育共识。

五、新时代背景下通识教育的新成效

经过多年的实施与不断完善，3 年时间里共开设跨学科课程 56 门，形成西南交通大学教学创新的跨学科通识课程群。课程整体建立在多学科视角及知识体系上，通过 PBL（project-based learning）项目式及体验式教学模式，激发学生团队的自主学习，重在培养学生跨学科知识架构、跨学科思维能力及跨学科素养，最终实现学生创新意识及综合素质的全面提升，效果显著。

（一）国内影响与辐射

经过持续课程建设，2 门课程获首批国家级一流课程认定，20 余门获评省级、校级一流课程及获推荐第二批国家级一流课程。同时，跨学科实践共同体的教学成果不断积累沉淀，跨学科课程教师受邀在国内教学会议分享交流，并产生了较大影响，吸引众多高校参与交流，且多次在全国教育教学会议上作主题报告。2018 年至 2020 年举办三届教育质量提升与教学创新高级研修班，吸引了来自十多所高校的管理人员与教师 200 余人组队参加，获得国内众多高校称赞，多家媒体也对西南交通大学跨学科教学创新改革进行了报道。

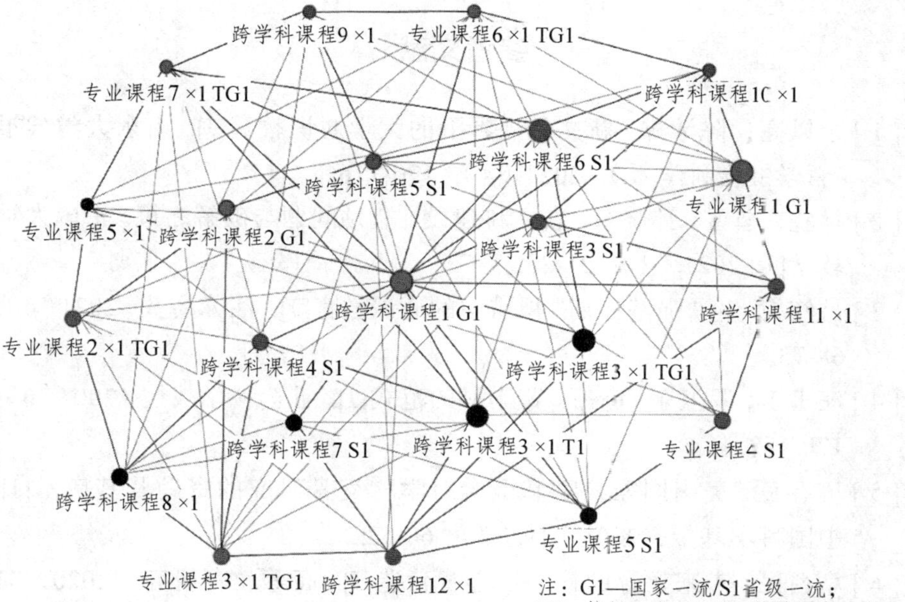

图 1　跨学科优质课程叠加辐射效果图

（二）国际影响力

跨学科创新课程不仅在国内影响广泛，在国际上也同样受到认可与赞誉。其中《运动、科技与智慧人生》《从代码到实物：造你所想》《重构跨界视野 共创智美未来》等多门课程受到国际教育家 Ken Bain 教授的高度赞誉，其中《运动、科技与智慧人生》作为跨学科重要教学创新案例，被收录到他的新作 *Super Courses* 一书中，该书由普林斯顿大学出版社出版，与哈佛大学、普林斯顿大学等世界名校教学创新案例一起作为在国际起示范作用的重要超级课程案例，由 Bain 教授在多个国际会议上介绍，产生了较大的国际影响力。该书目前已翻译成中文出版。

新时代下，通识教育更加强调具有跨界融合思维和实践行动能力的创新型、复合型人才。面对新时代的呼唤，大学通识教育需要进行新思考，寻找新方向，探索新路径，大胆进行新尝试。

参考文献

[1] 李凤亮，陈泳桦. 新文科视野下的大学通识教育[J]. 山东大学学报（哲学社会科学版），2021（4）：170-176.

[2] 马骁，李雪，孙晓东. 新文科建设：瓶颈问题与破解之策. 中国大学教学[J]. 2021（1）：21-25.

[3] 吕红梅. 论“强基计划”视域中的通识教育[J]. 江苏高教，2021（6）：68-73.

[4] 汪丁丁，罗卫东，叶航. 跨学科的范式[J]. 社会科学战线，2004（6）：170-182.

[5] 樊春良. 美国国家科学基金会对学科交叉研究的资助及其启示[J]. 中国科学基金，2005，19（2）：60-62.

[6] 席酉民. 未来教育的核心：心智营造[J]. 高等教育研究，2020，41（4）：9-13.

[7] 徐冬青，从跨学科研究到跨学科学习[J]. 上海教育，2020：47-49.

[8] 金吾伦，跨学科学：跨学科研究的科学[J]. 天津师范大学学报，1994（5）：36-40.

[9] 文雯，王嵩迪. 知识视角下大学跨学科课程演进及其特点[J]. 中国大学教学，2022（4）：75-82.

适应工程教育转向新需求，聚力开拓通识教育新路径

——西南交通大学桥梁工程通专融合人才培养探索

李亚东　何　畏　李永乐　肖　林　梁　艳　谢明志　强　斌

【摘　要】高水平本科教育对人才综合素质提出了新要求。高等工程教育在新时代背景下面临多个转向问题，催生了对能力融合化培养的新需求。西南交通大学在桥梁学科人才培养过程中积极探索通专融合人才的培养方法，依托能力目标架构调整、扩充人文知识、创新泛化能力等新目标，完善培养方案；通过专业课程的 CDIO-E 模式改革，在夯实专业知识的同时，补齐社会属性类知识；开展通专融合型课程、教材建设，提升通识教育资源的质量；借力实践创新能力培育平台，组织通专融合型实践活动；采用“时空固化、赛训耦合”方法，以科创竞赛为抓手提升通识教育效能。经过改革探索，学生的专业知识、通识知识、创新意识等均得到了有效提升。

【关键词】工程教育；通识教育；桥梁工程；人才培养；实践教育

作者简介：李亚东，西南交通大学土木工程学院桥梁工程系教授。
何畏，西南交通大学土木工程国家级实验教学示范中心副主任、副教授。
李永乐，西南交通大学土木工程学院桥梁工程系主任、教授。
肖林，西南交通大学土木工程学院桥梁工程系副主任、副教授。
梁艳，西南交通大学土木工程学院桥梁工程系讲师。
谢明志，西南交通大学土木工程国家级实验教学示范中心高级工程师。
强斌，西南交通大学土木工程学院桥梁工程系副教授。

一、通专融合型工程人才培养的新挑战

（一）新时代高等工程教育面临的转向问题

高等工程教育是高等教育的重要组成，承担着培养工程科技人才的重大使命，对国家的经济发展和社会进步发挥着不可估量的作用。中国高等工程教育源自1895年天津中西学堂（北洋公学）的创立，历经一百多年的发展，经历了从“教学功能”到“教学-科研功能”，再到“教学-科研-社会服务功能”两次大的转型；各工科院校现在仍然不断从国外工程人才培养模式中汲取有益的经验，探索适用路径。

西南交通大学桥梁专业源于1896年创办的“山海关北洋铁路官学堂”，先后培养了以茅以升、林同炎、秦顺全等20余位院士及大师为代表的2万余名路桥英才，为我国交通基础设施建设做出了巨大贡献。1952年在全国院系、专业调整的背景下，我校开设桥梁工程专业；1996年在工程人才按大类培养的改革背景下，按照“土木大专业、桥梁小方向”模式培养本科人才；2016年，为满足新时代交通基础设施发展需要，增设道路桥梁与渡河工程本科特设专业，形成互补模式。以桥梁专业为例，无论大类培养还是特设专业培养，工程教育发展尚存在若干问题，如人才培养理念对引领行业发展支撑不足、人才培养体系与行业需求紧密度不够、新理念下工程教育人才培养全过程联动不强等。

2018年6月21日，教育部在四川省成都市召开“新时代全国高等学校本科教育工作会议”，要求深入学习贯彻习近平新时代中国特色社会主义思想和党的十九大精神，全面贯彻落实习近平总书记2018年5月2日在北京大学师生座谈会上重要讲话精神，坚持“以本为本”，推进“四个回归”，加快建设高水平本科教育，全面提高人才培养能力，造就堪当民族复兴大任的时代新人。在“回归常识、回归本分、回归初心、回归梦想”要求下，专业工程人才的培养将面临几个新出现的“转向”问题，如从学科导向产业需求导向的转向、从专业割裂到无边界交叉融合的转向、从传统培养模式到动态个性化模式转向、从适应行业到引领创新的转向。

（二）新时代高等工程人才能力融合新需求

2019 年 4 月，教育部《关于加快建设高水平本科教育全面提高人才培养能力的意见》明确了人才综合素质提升的主要方向，包括了“提高学生的审美和人文素养、弘扬劳动精神、增强生态文明意识、加强实践操作和敢闯会创能力”等。在高校美育工作层面，教育部也提出了“以美育人、以美化人、以美培元” 等具体要求。新形势下高等工程人才的能力培养更需要融入这些新要求。要培养具有“国际视野、历史眼光、工程思维、知识应用、创新意识”的“新工程师”，不仅需要继续依托“回归工程”来夯实专业教育，更需要依托“交叉融合”去探索通专融合的新路径，逐步构建出“工程教育+”的新范式。

包括桥梁在内的工程建造不是单纯的科技和工程问题，也与社会、经济、文化、建筑艺术等有关，这对学生的综合素质提出了更高的要求。以桥梁工程学生能力培养为例，学生的专业知识培养的核心学习对象是桥梁结构。桥梁是最适合体现“科技魅力、人文内涵、建筑艺术”三位一体的工程载体，不仅具备了“跨越、承载、耐久、安全”等物质化的结构特征，同时还具备“共用、开放、标识、共享”的精神层面的社会特征。从“回归工程”的角度，一方面要重视桥梁工程的结构特征，需要夯实相关的专业教学；另一方面也不能忽视桥梁的社会特征，更需要强化人文艺术博雅知识的培育。

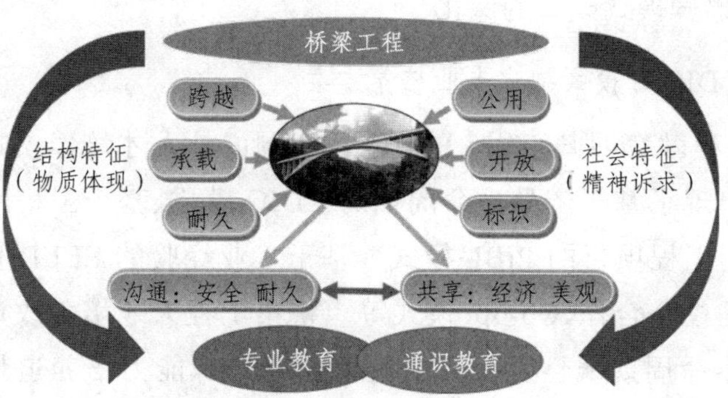

图 1　桥梁专业工程教育中“通专融合”问题的来源

二、依托专业建设探索通专融合新模式

（一）能力目标架构的调整

适应国家需求和行业发展需求，结合学校的自身定位及历史传承，西南交通大学桥梁工程专业将人才培养目标确定为面向国家重大需求，对接交通强国战略，坚持学校“双严”传统，培养理论基础扎实、专业知识宽厚、具有创新能力和国际视野、能够引领桥梁工程建设及未来发展的创新型高级专门人才。为实现“通专融合、支撑创新”，我从人才培养目标中进一步解析出知识、能力素养的能力目标新架构，扩充出人文知识、创新泛化能力、创新意识等新类别，以指导培养方案的完善。

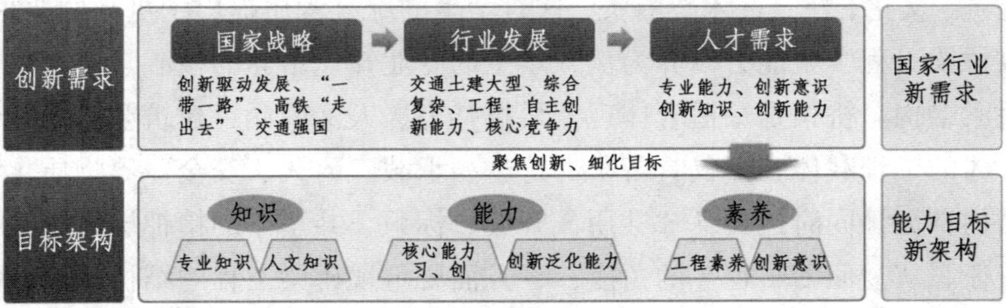

图 2　人才培养目标架构的调整

（二）培养模式改革的深化

1. 按 CDIO-E 模式细化专业培养方案

在“工程教育回归工程”的理念下，国内外人才培养模式和课程改革中先后出现了基于产品生命周期的 CDIO 模式、基于工程问题的 PBL 模式、基于工程项目的 PjBL 模式、基于工业经验的 ELED 模式、基于工作环境的校企合作 Co-op 模式等。桥梁工程人才培养改革针对土木工程的全寿命周期属性及工程减灾防灾的知识能力培养迫切需求，发展出 CDIO-E 的培养模式，从概念（Concept）、设计（Design）、建造实施（Implement）、运营（Operate）、应急（Emergency）五个环节来

细化培养方案的设置。突破依托“混凝土桥梁”“钢桥及组合桥梁”等经典专业课程来支撑专业人才培养的模式，开设“桥梁规划与总体设计”“桥梁建造技术”“桥梁抗风设计”“桥梁抗震设计”等专业课程及实践环节，在夯实专业知识的同时，分生命周期补齐桥梁社会属性类知识短板。

2. 按通专融合型模式补齐通识教育资源短板

教学资源是人才培养的基石，桥梁学科持续开展线上线下优质教育教学资源的建设，先后建成“桥梁工程概论”和“桥梁工程”2门国家精品课程，在双一流建设背景下，进一步建设了“高速铁路桥梁与隧道工程”“简支钢桁梁静载非破坏虚拟仿真实验”2门国家一流本科课程和6门省级、校级一流课程。相对于专业教育资源呈现出的群聚性优势，工程教育中的通识教育类优质资源异常缺少，对通专融合型人才培养形成了瓶颈和制约。为补齐短板，深化培养模式改革中主要推进了以下工作：

（1）依托国家级精品课程“桥梁工程概论”的建设转型，于设出“桥梁工程导论”课程，将专业先导课程升级为通专融合型形态，通过专业知识先导性讲授与通识知识融合性讲授相结合，筑牢通专融合的基础。课程强调和重视美育基础，设置有“桥梁美学专题”教学板块。

（2）在学校“交通天下”通识课程体系中，建设“桥梁美学”等面向全校同学的通识选修课程，以桥梁专业为载体，将专业领域的审美、识美知识变换为大学生素质教育的重要资源。在此基础上，积极建设“工程美学鉴赏”“交通干线人文景观与美学”等美育课程。

（3）2018年出版《亚东桥话》通识教育读本，定位为专业教材和通识教材相衔接的科普读物，知识内容实现了中西融会、古今贯通，将专业知识通俗化，搭建起科技与文化、工程与社会之间的桥梁。

（4）依托桥梁美学教研团队，启动“桥梁美学系列教材建设计划”，分“专通融合型”“通识科普型”两大教材类别加以建设。

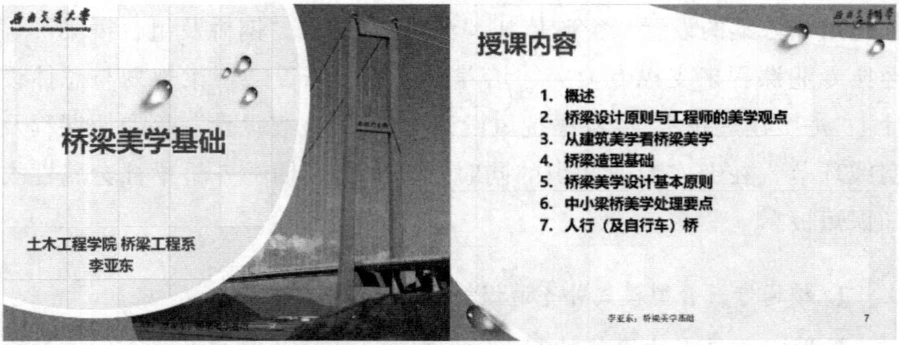

图 3 “桥梁工程导论”课程中的桥梁美学基础板块教学内容

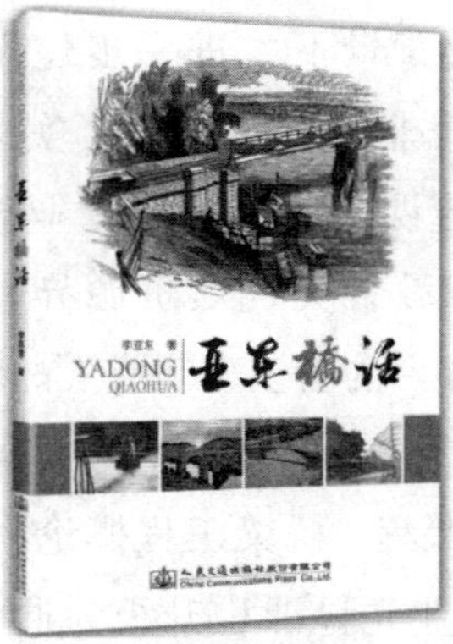

图 4 聚力建设的通识教育读本——《亚东桥话》

三、依托创新培育拓展通识教育新路径

（一）“枢纽融汇、通专融合”型实践教学活动组织

我系依托学院学科优势，打造了“工程实践教育融汇创新中心”（融创中心）。以创新能力为导向，以融创中心为枢纽，桥梁工程组织开展了大容量、广覆盖的实践教学活动，呈现“多尺度涵盖、多空间融合、多学科交叉、全层级穿插、全寿命贯穿、新技术赋能”的特色，体现“习（实践）-学（教学）-创（创新）”有机融合，实现了创新培养从单一路径贯穿到多路径融汇的转变，不仅有效疏解了创新培育覆盖面不足的问题，还有机化解了通识教育载体不强的问题。

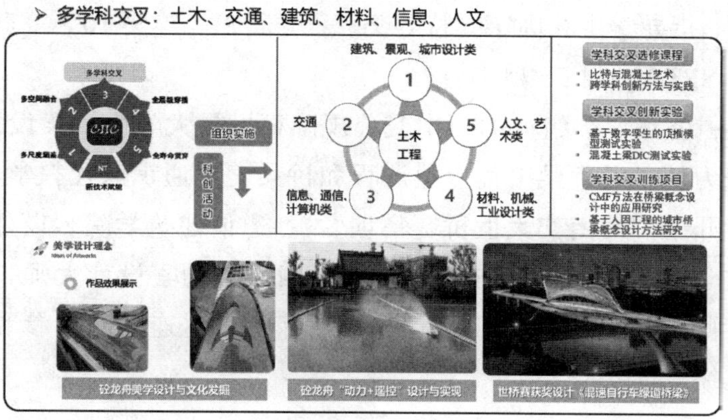

图 5　多学科交叉的创新培育

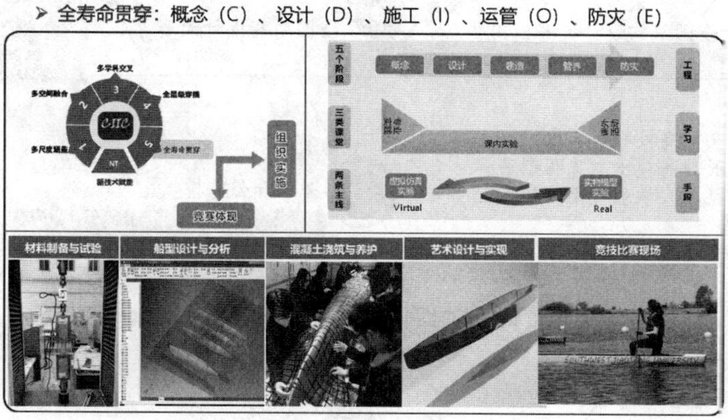

图 6　全寿命周期贯穿的创新培育

（二）以“时空固化、赛训耦合”提升通识教育效能

以实践创新培养路径融合为契机，我院进一步加大学科竞赛、科创活动及个性化实验的组织和投入，稳固和提升学生创新精神和创新实践能力的培养。桥梁工程系也积极组织和参加各类科创竞赛，不仅实现了将非线性的第二课堂按相对固化的时间段进行统一训练和备赛，而且依托竞赛分类和校、省、国赛分级固化，初步实现了将专业能力训练和通识知识学习的分层次耦合。近五年来，我院共主办国家级、省级大学生

竞赛 3 项，指导学生获国家级特等奖、一等奖和二等奖 16 项，获批国家级和省级 SRTP 项目 25 项。

以中国公路学会组办的“中交公规院杯世界大学生桥梁设计大赛”备赛组织为例，以桥梁工程专业课程和桥梁美学通识课程教学为基础，我系每年开办“西南交大世桥赛集训营”，邀请建筑学院、设计艺术学院、人文学院专业教师参与辅导，聘请四川省勘察设计大师、国家勘察设计大师来校指导，依托通专融合训练，学生连续四年参赛均获得了优秀成绩。

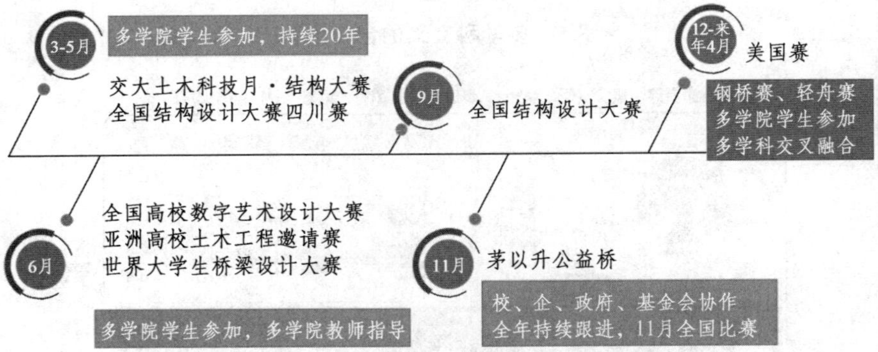

图 7　全年度时间轴固化的桥梁类科创竞赛活动组织

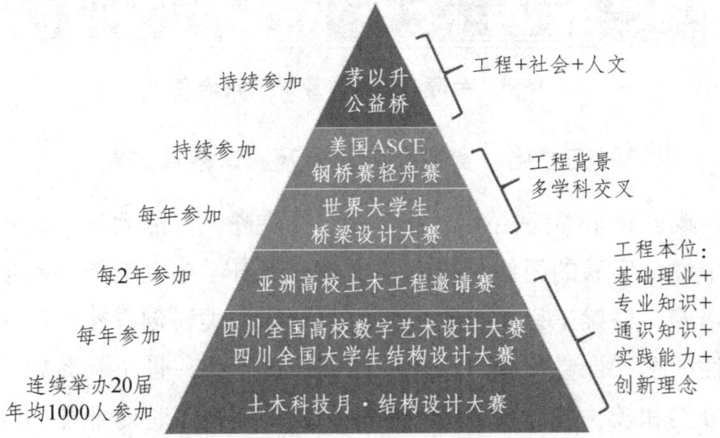

图 8　“校-省-国”空间轴固化的通专融合竞赛活动参与

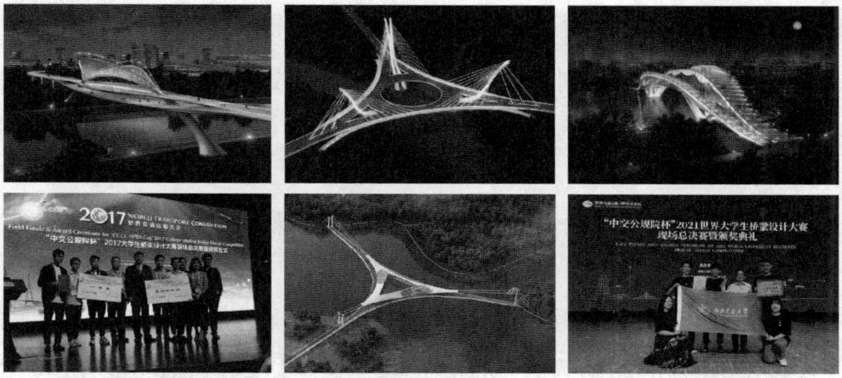

图 9　我院学生参加世界大学生桥梁设计竞赛（2017—2021 年）情况

通过将专业教育与通识教育“齐抓共管、融合建设”的若干改革举措的推行，学生学习体验显著增强，通专融合型人才培养的整体水平显著提高，本科毕业生的创新能力和综合素质等均获得了用人单位的积极好评。

我国工程教育担负着培养社会主义高素质工程科技人才的使命，通识教育是提升人才综合素质的重要保障。西南交通大学桥梁工程系围绕交通强国、国家需求、行业发展等重大战略，坚持“以本为本、四个回归”，开展工程“教育从回归工程走向融合创新”的人才培养模式及培养体系改革，探索通专融合型人才培养的新路径和新方法，成效显著。我系将持续围绕立德树人根本任务，坚持“以本为本”，加强新工科建设，进一步实施专业升级改造，加大投入建设融合创新育人平台，全面提升教育教学质量，打造交通土建领域桥梁专业人才培养高地，为新时代我国高等工程教育发展改革、人才培养模式探索新路。

参考文献

[1] 蔺亚琼，刘雨心，谭晓晖，等. 高等工程教育领域教学改革的特征、趋势与反思——对近五届国家级教学成果奖的描述性研究[J].高等工程教育研究，2021，191（6）：163-169.

[2] 王杰，朱红春，郄海霞. 我国高等工程教育的起源和转型[J].西南交

通大学学报（社会科学版），2009，49（1）：53-58.

[3] 朱佳斌，刘群群，刘少雪，等. 工程教育改革背景下工科学生认知发展现状与影响因素研究[J].高等工程教育研究，2019，179（6）：58-64.

[4] 崔军. 回归工程实践：我国高等工程教育课程改革研究[D]. 南京：南京大学，2011.

[5] 占玉林，卢思吉，邓开来，等. 基于 OBE 理念的桥梁工程专业教学设计 PBL 方法创新与尝试[J].高等建筑教育，2021，154（3）：150-157.

[6] 张迅，肖林，何畏，等. 第十届亚洲土木工程邀请赛某参赛模型结构设计与分析[J].力学与实践，2020，42（5）：671-677.

[7] 占玉林，富海鹰，马中国，等. 以国际竞赛为依托的土木工程本科生实践能力提升培养机制探析[J].高等建筑教育，2019，144（5）：8-15.

[8] 谢明志，杨永清，贾宏宇等. 土木工程实践教学创新与大学生结构设计竞赛耦合模式探析[J].高等建筑教育，2020，150（5）：137-142.

以美育促德育

——探索课程思政在工程专业通识教学模式的改革与应用

梁 艳 唐茂林 何 畏

【摘 要】针对工程专业的特点，结合“双一流”大学建设的契机，改革工程专业通识课程教学模式，将美育纳入主要教学内容和培养目标，最终促进品德教育，是高等教育课堂思政顺应时代特点的要求。本文专注于教学模式的改革，结合当前社会环境及学生关注的热点，充分利用工程类专业实体模型、工程实践、移动网络、社交平台、网络自媒体、传统优秀教学方法等教学方式和手段，邀请校外相关领域的专家学者走入课堂，将美育和德育无形地融入教学当中，取得了较好的教学效果。本文以高校土木工程专业通识课程“桥梁美学”为例，摸索出一套可行的教学方法，供同行借鉴。

【关键词】教学模式；通识课程；课堂思政；桥梁美学

一、引 言

高等教育的核心，是对学生精神面貌的全方位塑造，让其拥有社会责任感、科学精神、人文素养……说到底，就是一个“育心”的过程。通识教育是高等教育最基础、最重要的组成部分，旨在培养学生跨学科融合力的整体综合素养，让学生拥有一个高尚健全的人格。美育与德育是其中的核心内容。

作者简介：梁艳，博士，西南交通大学土木学院桥梁系讲师，主要从事“桥梁美学”相关教学和科研工作。

美育在中国具有悠久的历史。从孔子生活的时代，至中华人民共和国成立，再到改革开放，美育一直都是我国教育的重要内容。1986 年 3 月，第六届全国人民代表大会第四次会议通过了《中华人民共和国义务教育法》，将德、智、体、美全面发展作为教育基本方针。2015 年第 12 届全国人民代表大会常务委员会第 18 次会议相继通过了《全国人民代表大会常务委员会关于〈修改中华人民共和国高等教育法〉的决定》，明确指出培养“德、智、体、美等方面全面发展的社会主义建设者和接班人”。2020 年 10 月，中共中央办公厅、国务院办公厅印发的《关于全面加强和改进新时代学校美育工作的意见》指出，美是纯洁道德、丰富精神的重要源泉。美育是审美教育、情操教育、心灵教育，也是丰富想象力和培养创新意识的教育，能提升审美素养、陶冶情操、温润心灵、激发创新创造活力，坚持以立德树人为根本，以社会主义核心价值观为引领，以提高学生审美和人文素养为目标，弘扬中华美育精神，以美育人、以美化人、以美培元，把美育纳入各级各类学校人才培养全过程，贯穿学校教育各学段，培养德智体美劳全面发展的社会主义建设者和接班人。

高等教育阶段主要针对人格和价值观的定型，对高校的美育工作从政策和制度层面进行顶层设计和重点突破，要求把培育和践行社会主义核心价值观融入学校美育全过程。由此可见，高校在落实国家美育政策过程中具有不可替代性和攻坚作用。通识教育正是基于对价值观的塑造，培养学生高尚健全的人格及精神素养，与美育的核心内容相符合。所以，以美育和德育为核心，将其与通识教育相融合，是高等教育的重要内容。

二、美育融入工程专业通识课程教学中的探索

相对而言，我国通识教育起步较晚，多数高校还处在实践阶段，如大类招生、建立与学校同名的本科生院、实行书院制等。在“交通强国”“一带一路”的政策背景下，土木工程专业扛起了祖国基础建设的大旗。过去，“轻人文素养，重专业理论”的教育模式在土木工程专业学生身上留下了深深的烙印。在通识教育日益受到重视的今天，“双一流”建设正

酬，土木工程学生如果还仅仅把目光停留在结构、力学原理等专业知识上，不仅限制了自身视野，也会阻碍整个行业的发展，进而影响我国教育事业整体质量的提升。

因此，加强土木工程专业课程体系通识化建设，将美育教学融入课堂建设，以美育促进德育，将课堂思政与专业通识课程建设相结合，推动教育教学改革，具有重要的现实意义。在整个改革实践的过程中，高校及教师理应成为先行者，对教育体系、教育理念、授课模式等方方面面进行深入细致的研究和改革。

专业课程和通识课程是高等教育的两大模块，前者注重学生专业知识的培养，后者则关注学生综合素养的养成。土木工程专业通识课程，由于其特有的工程属性，有别于传统的通识课程，将“美育”融入教学过程中，面临诸多困难，也有许多特色和优点。在课程设置上，西南交通大学摆脱过去将两个模块单独开设的弊端，打造了一批兼具专业性和通识性的新型课程，这是工科特色高校课程建设的一项探索。结合本校特点，西南交通大学在工程专业通识课改革过程中，敢于创新，重在实践，积累了一些经验，并在西南交通大学土木工程学院进行了先期试点，取得了一些成效。

（一）扎根地域特色，继承传统文化，增强文化自豪感

一方水土形成一方文化，因而文化具有较为鲜明的地域独特性。只有保持对地域文化的热爱，深入研究相应地域的工程文化，尤其是研究具有地方特色的建筑文化，才能真正传承并发展中华文化。西南交大通过开设有关地域文化的特色课程，结合学校传统优势学科土木专业的办学特色和校园文化,为不同专业的学生提供了多门可供选择的学习课程，如“桥梁美学”“地铁文化”“桥梁概念设计与创新设计”等。艺术专业的学生可以从中学习相应的工程学基础知识，建筑学专业的学生可以学习我国不同时期不同地域的桥梁建筑特色，大学生们也可以对某些特殊的历史人物、历史事件或者某些学术观点展开深入的探讨。而学校则在顶层设计上做好传播传统文化的思路，将传统优秀文化融入学校特色，

并结合交大特色校园文化进行“润物细无声”的传承，如西南交大前校长茅以升先生的生平事迹、詹天佑前辈对中国铁路事业的卓越贡献等，引导大学生对母校产生文化认同。从校园文化，到地域文化，再到中国传统文化，乃至关系“人类命运共同体”的全球文化，了解不同文化有助于学生逐步提高眼界和格局。

（二）借助新媒体新科技，发扬工程美学文化，增强时代感

科技改变生活，新媒体的兴起改变着人们的生活方式，也赋予了工程传统文化属性。随着物联网、人工智能、大数据等技术的发展，科技和艺术的界限越来越模糊，彼此越来越相融。具体表现在，科技为艺术提供了更多的表现形式，而艺术让科技变得更人性化，更有温度。西南交大结合当下形式，将教学与科技、美学与艺术、新科技与传统文化相结合，为“美育”的有效开展提供了多个途径。土木学院虚拟仿真实验室结合教学需要，为学生提供虚拟与现实技术的嫁接服务，使课堂更具有互动性、观赏性和艺术性。学生也借助新媒体如短视频、微博、公众号等技术平台，以全新的视角认知和体验课堂背后蕴藏的校园文化和中国传统文化。尤其是疫情期间，西南交大通过网络平台开设的直播授课、线上美育教学、文化创意设计竞赛等，极大地丰富了授课形式，让学生在互动体验中感受美的教育。可以说，这么做的最大收获，便是让“美育”无形中贯穿于整个教学过程，达到了最根本的教学目的。

（三）感知工程艺术美，弘扬“东方工匠精神”，增强职业道德感

中国传统文化中的“老吾老以及人之老，幼吾幼以及人之幼”“富贵不能淫，贫贱不能屈”“修身，齐家，治国，平天下”等，是中国高等教育德育思想取之不尽的源泉。中国传统文化中，尤以“修身，齐家，治国，平天下”最为知识分子所推崇。从古至今，中国的传统土建工程，如道路、桥梁、水利、庙宇等都具有公共属性，承载了当年承建者许多家国情怀。大禹治水，三过家门而不入，体现了中国人骨子里“有国才有家”的高尚情操。古代杰出的发明家鲁班是土木工匠们的祖师，他发

明的锯子、曲尺、墨斗、刨子、云梯等，每一项都是在生产实践中得到启发，经过反复研究试验得到的。鲁班的工匠精神体现在四个方面：传承规矩、创新创造、专注专研、精益求精。这是“东方工匠精神”的源头，中国历朝历代的工匠都深深受益。李冰父子领衔修建的都江堰水利工程，成就了“天府之国”沃野千里的繁华，泽被后世。李春主持修建赵州桥，开创了世界敞肩拱桥的先河，该技术领先西方世界一千多年，被美国土木工程师协会选定为世界第12处“国际土木工程历史古迹”。茅以升老先生带头设计并修建了钱塘江长江大桥，后由于抗战需要又亲自炸毁，爱国情怀让人泪目。中华人民共和国成立后，我国在一穷二白的基础上，发展成为世界第二大经济体，高铁、桥梁则成为“基建狂魔”的国家名片……从众多名人工匠和伟大工程项目中，感知工程技术与艺术相结合的美感，培养和传承我国传统工匠人文精神，能够助学生形成作为工程师的强烈职业自豪感和道德感。

三、以美育促德育，课堂思政在通识课程教学中的改革探索

随着课堂思政在高校教学领域的持续展开，高校在对人才的培养上除了对其进行基础理论知识的教育，还会持续地将德育融入其中，形成以美育理论为支撑的德育教学新局面，学生的综合道德素养得到加强，以此促进高尚人格的健全。西南交大是全国首批“三全育人”试点单位，在落实美育德育双管齐下的政策下，结合学校实际情况，采用科学的课程设置。合理的教育教学方法，发挥出高校美育在实现“立德树人”中的价值引领作用。

（一）摒弃思政教育教条主义，引领全校师生美育认知，端正学生学习态度

一直以来，高校思想政治工作存在“重说教，轻实际”“重学习，轻应用”的问题，根本原因在于“立德树人”工作的落实形式过于单一，大多依赖于教程或教师说教；教学质量考核评价机制存在明显缺陷，由

此导致师生在思想上未能引起足够重视，很大程度上影响了高校思想工作的效果。授课教师作为授课主体，自身须有高尚的情操，拥有能够指引学生方向的正确的人生观和价值观，这是一门通识课程能够达到教学目标的基本保障。而美育理论是从思想领域对学生进行引导，使学生能够从内心意识到良好思想品德对个人成长的重要意义，从而主动形成积极健康的思想。西南交大通过各种途径加强美育德育的宣传，如设置“交通天下”专业通识课程系统，美育教学模块建设，“土木科技月”系列活动，参与参加国际国内各种学科竞赛等，从内而外强化学生美育德育认知，学生的学习态度也逐渐扭转，全校形成了积极主动学习美育德育知识的风气风貌。

（二）改革传统教学方法，在实践中将美育向德育中进行渗透

传统上，美育侧重于对相关基础理论知识的讲解和记忆，由此导致学生对美育学习中缺乏主观能动性。在此情况下，西南交通大学设置多个专业通识课程，改革传统美育德育教学方法，突出工程实践对学生美育德育理论学习的指导意义，改变了以理论为核心的课堂教学内容，在实践中不断强化学生的德育意识，有助于学生形成健康正确的世界观、价值观和认识观。如课程“桥梁美学”，通过美学理论与桥梁工程专业知识的交叉认识，加强学生艺术学与工程学的综合知识素养；通过工程案例分析，加深学生对工程美的认知；通过介绍著名桥梁建筑的设计者建设者的动人事迹，弘扬工程伦理，加强学生职业认同感。内容决定形式，方法决定效果。“教”与“学”的过程中，穿插与课程内容相关的历史、故事、思想、情怀，能够达到事半功倍的学习效果。如在讲授桥梁历史时，可以结合我国古代桥梁技艺双绝的特点，激发同学们的文化自豪感和爱国热情；结合赵州桥的建桥经过和历史，结合课堂思政内容，激励同学们勇于面对困难，接受挫折挑战的能力，也启发了学生对桥梁艺术性的重新认识；借美国布鲁克林大桥的建桥故事和经历，激励和培养大学生们高尚的职业操守……这些动听的故事，能够吸引学生广泛地参与课堂讨论，主动研讨桥梁美学的实质内涵，全方位提升课堂质量，也实

现了德育与美育的间接融合。

（三）优化学生成绩考评模式，合理评价教师授课质量，让课堂回归本位

如何衡量课堂质量，保证教学相长，一直是高等院校课程评价的难题。通识课程由于其特殊属性，其评价模式也不同于传统课程易量化的特点，有其自身的模糊性。西南交大自上而下都给予任课教师充分的信任和自主权，让其能够根据课程特点自行确定课程考核方式方法。学校将对教师授课质量的考核权部分下放给学生，让学生在期中、期末对课程质量和教学授课水平进行评价；请学校督导组专家对课程进行不定期听课，并给出合理评价，作为授课质量评价的参考；同时，相同课程不同授课教师之间进行互评，作为互相促进交流的一种必要手段。再以美育课程“桥梁美学”为例，针对传统课堂评价方式的局限性，如评价方式单一、评价过程简单、评价目标模糊等，取消期末统一考试，将课堂表现、读书报告、实地考察体验、课程设计、实践方案展示等作为考核的内容，并将考查时间贯穿于整个课程学期，使评价结果更合理。对任课教师的评价，则采取学生和专家综合考评的方式，依等级赋分，促进教学相长。

四、改革成效

西南交通大学经过近 8 年的改革与探索，以美育促德育，在工程专业通识教育模式上取得了初步成效，为课程思政工作的展开积累了较为丰富的经验。

（一）学生学习主动性明显增加，成绩明显提升

以工程类通识课程为例，将美育与德育进行有机结合后的教学模式，弱化了学生学习的目的性，强化了艺术性及品德性的教育，并以非灌输的方式获得了学生的认同。学生课堂参与度提升，上课玩手机的现象明

显减少，尤其在实践课程教学方面，非工程类专业的学生参与度显著提高，并取得了很好的成绩。通过课程作业，实践调查报告等考察方式发现，学生各方面能力均得到提升，如传统文化认知、知识应用能力、团队协作精神及工程职业道德意识等。

以课程“桥梁美学”为例，近 5 年来，笔者所在班级学生参与科技创新实践的主动性明显增强，如学校土木科技月、大学生创新创业训练计划项目（SRTP）、世界桥梁设计大赛、“茅以升公益桥-小桥工程”等实践项目的参与度达到了 91.4%（据 2021 年的统计数据），并取得了良好的成绩。学生们取得了土木科技月桥梁竞赛一等奖 10 余项，世界桥梁设计大赛一等奖 3 项，“茅以升公益桥-小桥工程”设计大赛一等奖 1 项、二等奖 1 项等好成绩。有的学生的课程作业稍做修改，就已经投稿或者公开发表。美育促进了德育，又反哺专业教育，实现了各方面的协调发展。

（二）学生通识化水平明显增加，美育与德育实现了教学相长

在西南交通大学土木工程学院近 5 年的通识化实践教育中，非工程学生的工程性知识获得感最强，工程专业学生通识化水平也得到较大提升。通过调查问卷发现（160 份问卷，收回有效问卷 137 份），84.3%的非工程类学生表示获得了较为丰富的工程美学知识，86.1%的工程类学生表示获得了较为满意的通识化教育知识。在课堂内外与学生的交流中，教师明显感觉到学生艺术水平得到了提升。

（三）教师思想意识转变，授课水平明显增加

授课教师队伍积极提升自身通识水平及教学方式，深刻理解并积极践行“美育”与“德育”的核心内涵，通过转变教学模式，加深对学生的了解，进行针对性的教学方案设计并付诸实践，切实感受到了教学质量的提高。

授课教师队伍通过不断摸索，掌握了一套行之有效的教学方法，教学理论不断更新，教学方法和手段与时俱进，通过教学改革的进行、教

学资源的共享共建，实现东西交融，教师成长迅速。教师的教学目标确定、信息技术应用、教育教学研究、教学方案设计、课堂驾驭等能力都得到了提升。教师自身素养不断加强，给学生树立了良好的道德榜样，是思政教育能够顺利开展的关键所在。

（四）美育德育深入人心，学风校风展现新面貌

西南交通大学有超过 120 年的发展历史，是一个以工科见长的综合性大学，其丰厚的文化底蕴，形成了“竢实扬华、自强不息”的交大精神、“严谨治学、严格要求”的办学传统和“精勤求学、敦笃励志、果毅力行、忠恕任事”的校训。西南交大治学严谨，勤奋踏实，擅长理工科的严密逻辑推理，但稍缺一股浪漫的人文艺术气息。随着通识教育的开展，在“三全育人”等理念的指导下，学校以美育促德育将校园文化、教学课程、美育实践等协同联动，并结合大学生成长发展的客观规律，培养方案、课程设置、教学模式、团体活动、学科竞赛等多管齐下，培养学生德、智、体、美、劳等综合素养，全校自上而下形成了懂通识、知文艺、赏美学、崇品德、精专业的学风校风新面貌。

五、结论及建议

经过近些年的教学改革，学校在工程专业通识课程教学模式的改革探索中取得了一定的效果，可供同行借鉴。德育与美育是孪生子，相辅相成，需要一个长期坚持。建议今后在教学中，继续加强师生学科交叉知识的培养，增强通识教育意识，将“以美育促德育”的试点课程、范围和途径扩宽。

参考文献

[1] 中华人民共和国教育部.教育部关于切实加强新时代高等学校美育工作的意见[EB/OL].（2019-04-02）[2021-10-28].http：//www.moe.gov.cn/ srcsite/A17/moe_794/moe_624/201904/t20190411_377523.html.

[2] 新华社．中共中央办公厅、国务院办公厅印发《关于全面加强和改进新时代学校体育工作的意见》和《关于全面加强和改进新时代学校美育工作的意见》[EB/OL].（2020-10-15）[2021-10-28].http：//www.gov.cn/ zhengce/2020-10/15/content_5551609.htm.
[3] 左玉玮，李晔．大学美育教学实践中的困境与探索[J]．华北水利水电大学学报（社会科学版），2021，37（6）：82-86.
[4] 梁艳，唐茂林，何畏．着眼教育全过程，改革教学模式，打造工程类专业通识“金课”[J]．高等建筑教育，2020，29（1）：38-44.
[5] 靳凯，陈玉洁，李莉．多元化背景下高校教育优秀传统文化传播创新路径探析[J]．中国多媒体与网络教学学报，2021（9）：127-129.

以兴趣为导向构建前沿科学的通识教育体系

李永乐　唐浩俊　向活跃　汪　斌　何　畏

【摘　要】为了适应新工科和交通强国背景下的人才需求，本文探讨了如何在高校通识教育中融入前沿科学研究。针对通识教育和前沿科学研究知识层面的差异、相关专业和非相关专业学生的知识体系的差异等问题，以兴趣作为导向构建了一个多层次培养体系，包括了前沿科普讲座、趣味课堂教学、科研实践训练，并在此过程中逐步深入地对学生进行培养和指导，提升学生对于前沿科学研究的兴趣，以便使学生由被动接受知识到主动探索问题，更好地面对今后工作中的挑战，适应重大工程的需求。

【关键词】通识教育；前沿科学研究；兴趣导向；分层培养；空气动力学

2017 年 2 月以来，教育部积极推进新工科建设，先后形成了“复旦共识”“天大行动”和“北京指南”的新工科三部曲，开启了工科教育改革的新征程。在新工科背景下，土木工程等传统工科专业也面临转型升级，以解决教育模式固化、学生创新能力不足、学科交叉有限等问题，避免人才培养与社会发展需求不匹配。2019 年 9 月，中共中央、国务院印发《交通强国建设纲要》，明确从 2021 年到本世纪中叶，我国将分两个阶段推进交通强国建设。到 2035 年，基本建成交通强国，形成三张交

基金项目：西南交通大学本科教育教学研究与改革项目“新工科背景下前沿科学研究在高校通识课教学中的应用探索”（1903008）；西南交通大学研究生教育改革项目“面向重大复杂工程的人才培养机制和团队建设”(YJG4-2020-Y002)。

作者简介：李永乐，教授、博士、博士生导师；主要从事桥梁风工程及车桥耦合振动研究。

唐浩俊，副教授、博士、硕士生导师；主要从事桥梁风工程研究。

通网、两个交通圈。这一目标的实现离不开创新能力强的复合型人才，以解决重大工程建设中将面临的前所未有之挑战，对工科院校学生的培养也提出了新的挑战。

一、前沿科学研究融入通识教育的必要性

我国的“大土木”教学模式历史悠久，培养体系和评价方式都有所固化。一方面，受到评价指标的影响，学生通常更关注和重视基础课、专业课等重点课程的学习和考试，淡化甚至忽视了通识教育环节。牢固掌握专业知识并在考试中取得好的成绩具有重要意义，但一味地追求卷面成绩会使学生的知识面局限于课本，所学知识也容易与工程应用相脱节。近年来，笔者在参加研究生复试的过程中发现，许多初试成绩较好的学生对一些实际工程中的现象和问题缺乏应有的理解和判断。另一方面，许多院校在通识教育方面存在定位不清、体系不全或考核不严等问题，也造成通识教育的效果减弱。张丽指出当前教学管理中硬性规定过多，在学生学什么、怎么学上框得很死，专业必修课设置过多，学生的学习负担较重，因而选择的余地有限。陈栋等指出“双一流”建设中，通识教育因其“实用性”“效益性”较低，面临更加边缘化的危险。王晓岗等[3]指出不少通识课教学目标不明确，内容设计上缺少内在逻辑关系或文化底蕴。专业教育能够强化学生对专业知识的理解深度，但是通识教育更有利于提高学生对实际问题的认知广度。在通识教育模式下，学生可以养成融会贯通的思考方式，形成合理的能力结构，发展全面的人格素质和广阔的知识视野。通识课是通识教育的一个重要环节，但一些问题的存在影响了通识课的教学效果。一是大班教学的难题，特别是在学生重视程度较低的情况下，如何维持课堂秩序、如何提高师生交流、如何增强教学的灵活性？二是教学与科研的脱节，科研对教学的促进作用和培养学生创新能力的作用无疑是明显的。已有研究多从教材、教学环境、课外科技活动、学术讲座、文化氛围、制度和激励机制等方面入手，但较少将前沿科学研究直接融入高校通识课。

加强通识教育环节，健全通识教育方法，对于培养创新能力强的复合型人才具有重要意义。教学与科研是相互依赖、相互促进、不可分离的统一体。将前沿科学研究融入高校通识教育环节中是科研促进教学的重要体现，不仅可以拓宽学生的视野，为学生创造理论结合实际的机会，而且能够激发学生分析问题、解决问题的主观能动性。在信息化时代背景下，知识的传播和更新速度之快可谓日新月异，学生若能了解本学科及交叉学科前沿性的热点问题，在今后的工作中将能够更好地适应社会的需求。

二、以兴趣为导向的多层次培养体系

兴趣是个性倾向性的一种表现，在人类心理行为中具有重要作用。对于学生而言，若对某件事情感兴趣，即便没有相关的考核指标，也能够自觉主动地参与。因此，在当前以专业教育为主的评价体系下，发掘和培养学生对于前沿科学研究内容的兴趣，是促使学生主动参与通识教育的有效方法。通过调查分析，发现多数学生对于前沿科学研究是感兴趣的，部分学生还会通过网络去了解前沿科学问题，例如微博科学科普博主“科普君 XueShu 雪树”的“粉丝”数在 1300 万人以上，“中国气象爱好者”的“粉丝”数也已接近 1000 万人。此外，在 2020 年 5 月虎门大桥发生涡激共振现象后，一些学生也通过知乎等平台去了解、讨论这一事件。多数学生表示愿意在本科阶段接触前沿科学知识，但是对于如何去学习却较为迷茫。

将前沿科学研究融入高校通识教育中的另一个难题是如何选取并简化知识点。一方面，所选择的前沿科学研究应该具有一定的深度，并能够建立与专业知识之间的联系，以培养学生理论联系实际、分析解决问题等方面的能力，使学生养成主动探索、融会贯通等思考方式。本文以空气动力学方向为例，这是力学的一个分支，研究物体在同空气做相对运动情况下的流动规律和相互作用特性。随着社会发展和科技进步，空气动力学在交通、运输、建筑、机械，体育，军事，气象、能源及日常生活中得到了广泛的应用。对于土木工程专业及相关专业的学生而言，已具有结构力学、流体力学等方面的专业基础，经过适当的讲解，学生就能够利用已有的知识去解释实际工程的空气动力学问题，建立所学知识与空气动力学前沿科学研究之间的联系。例如，前述提到的虎门大桥的涡激共振现象，与结构力学中的结构动力学，流体力学中的钝体绕流、漩涡等方面的知识有关系。但另一方面，前沿科学研究涉及新理论、新方法、新对象等，过于细化的知识点容易超过本科生的知识范围，不易为学生接受，也不利于培养学生对于前沿科学研究的兴趣。此外，还应该考虑非相关专业的学生，他们在前期学习中并没有接触过土木工程的专业课，在设置培养内容时应该充分考虑他们对前沿知识的可接受程度。

为了兼顾以上两个矛盾的方面，前沿科学研究应该融入通识教育中的不同环节，不应该仅局限于某一学期的通识课讲授。在课程前应该有相应的环节来挖掘学生的兴趣点，吸引学生选择该课程，在课程后应该有延伸培养,使对前沿科学研究感兴趣的同学仍然有进一步学习的机会，从而形成一个较为完善的培养体系。本文以发掘学生兴趣为导向，构建了如图 1 所示的多层次培养体系，由简入深设置了科普讲座、课堂教学、科研实践三个环节。科普讲座面向各专业学生，由该领域内的资深专家围绕当前空气动力学的热点问题、重大工程的空气动力学问题进行报告，以提升学生对于空气动力学现象的兴趣；课堂教学为核心环节，构建了通识课“趣味空气动力学”,该课程的内容以空气动力学研究热点为载体，结合实际重大工程项目，将前沿科学研究中发现的现象、具有的规律及存在的问题，以简明扼要和通俗易懂的方式设计为课程内容。通过科普讲座可以吸引一部分同学进一步选择该课程。针对相关专业的学生，还可以进一步对基础课、专业课进行适当的改进升级，融入一些空气动力学前沿科学研究的内容,也可在一定程度上发掘学生对于该方向的兴趣；科研实践为少部分学生提供参与空气动力学前沿科学研究的机会，将一部分科研问题简化为本科生可以完成的“项目”，学生可以通过实践练习将理论知识用于实际分析。总体而言，三个培养环节面向的对象由多到少，从大班教学到小组指导、从教师讲授到学生实践，以期让学生由被动接受知识到主动探索问题，更好地适应新工科和交通强国背景下的人才需求。

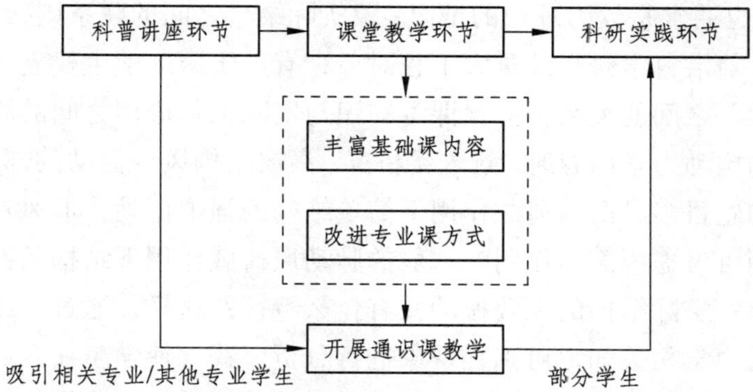

图 1　以兴趣为导向的多层次培养体系

三、课堂教学的改进实践

课堂教学仍是高校教育中的核心环节，而对课堂教学环节进行改进和完善有利于通识教育的培养效果。本文除了讨论通识课“趣味空气动力学”的构建以外，还探讨了在基础课和专业课中融入空气动力学前沿科学研究，以便更好地发掘相关专业学生对于空气动力学的兴趣。以下分别从丰富基础课教学内容、改进专业课教学方式、建立通识课教学框架三个方面探讨新工科和交通强国背景下前沿科学研究在高校教育教学中的应用。

（一）丰富基础课教学内容

专业基础课是学生掌握专业知识技能必修的重要课程，通常也是学生接触专业知识的第一步。大多数学生对于专业基础课的重视程度都比较高，若能在专业基础课的课堂教学中穿插与教学内容相关的前沿科学研究、丰富教学内容，应能够很好地发掘学生的兴趣。以“结构力学”为例，这门课程的学习对象是“结构”加上“力学”，学生通过课程学习应初步具备结构分析的能力，为后续专业课程及进行结构设计和科研打好力学基础。但是，多数学生对这门课的认识还集中在“力学”部分，与“结构”的关联则被淡化了。这一现象也与课程教学有关系，课程中主要讲授结构受力、位移计算的分析方法，学生接触到的对象是计算简图，荷载也通常是较为理想的情况，跟实际结构之间的联系则接触较少。适当融入前沿科学研究及重大工程对象，有助于帮助学生建立“结构”与“力学”之间的关系，强化课本知识与实际工程应用之间的联系，如在讲授结构动力学内容时，融入了桥梁、高层结构风致振动的部分问题。课本上的题目多是简谐荷载作用下简单结构的强迫振动，但风对结构的什么作用可考虑为简谐作用？一般的脉动风荷载作用下结构的振动会有什么变化？实际结构的风致振动又有什么特征？这样，通过介绍如何利用结构动力学相关知识对工程现象进行分析解释，使学生在今后遇到实际工程问题时，能够有意识地运用学过的理论知识加以分析、解决。再以“桥梁工程”为例，多数学时是对基本概念的介绍，包括荷载类型、桥面形式、基本构造、结构受力体系等。笔者在教学过程中发现，以概念介绍为主，时学生的听课率一般处在偏低的水平；以工程实例进行分析时，学生的听课率会有所提高。这门课程的大纲中也有关于桥梁风工程方面的内容，但也是以概念介绍为主，难以吸引学生的兴趣。但是，若将重大桥梁工程的抗风研究方法、结论以及科研过程中的一些有趣现象融入后，教学效果得到了明显提升。其中一个原因也是大跨度桥梁本身的震撼性对学生也有一定的吸引力。

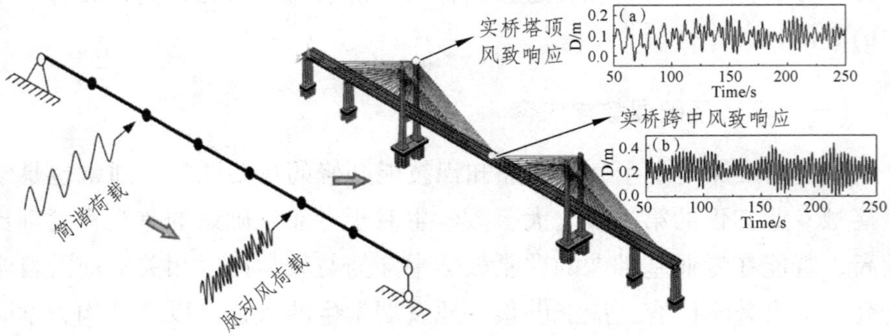

图 2　课本知识与前沿科学研究之间的联系

（二）改进专业课教学方式

上述提及的专业基础课本身就有紧凑的教学任务，因此在不改变教学模式的情况下适当融入前沿科学研究即可，过多的内容反而容易造成重心偏移，影响学生对于核心的把握。但对于专业课而言，则可以设置更为充分的时间在教学中融入前沿科学研究。同时，教学的形式也可以更为灵活，如教师在一次课的时间里以学术报告的形式分享前沿科学研究，这样将“连续剧”式的长周期内容转变为“电影”式的短周期内容，能够让学生有另一种学习体验，在一次课的时间里就对一个前沿科学研究方向形成总体性认识，有利于增强学生的听课注意力和学习获得感。若要进一步调动学生的主动性、培养学生的兴趣，还可设置翻转课堂环节，安排学生提前利用网络资源查阅某个研究方向的相关文献，制作 8～10 分钟的 PPT 在课堂上进行分享，但这需要教师进行合理的范围限定和引导，避免学生盲目地搜索文献而产生迷茫。以“交通基础设施防灾减灾导论”为例，课程设置了地震学基础知识，桥梁工程抗震设防措施，隧道工程抗震设防措施，公路铁路路基工程抗震设防措施，地震预警及高铁预警系统，滑坡、崩塌预警及工程防治措施，泥石流预警及工程防治，降雨灾害典型案例，堰塞湖溃坝、冰湖溃决的工程实例及防治，桥梁工程风灾实例及典型抗风对策，隧道工程火灾实例及防火通风对策等。各个方向的内容都由前沿科学研究整合而成，彼此之间相对独立，自成体系。其中，桥梁工程风灾实例及典型抗风对策不仅包含了基础知识部分，例如风的特点、类型，桥梁抗风设计的过程，桥梁工程的风灾类型，更围绕以往的典型事故和近期的热点事件展开讨论，并结合了当前重大桥梁工程的科研成果。课堂教学结束后，也可以通过预留问题等方式，鼓励学生利用课后时间，通过网络等途径进一步学习、思考，培养学生对前沿科学研究的兴趣，以及自主分析并解决问题的能力。

（三）构建通识课教学框架

前述关于基础课和专业课的改进和完善主要是针对相关专业学生，

在一定程度上帮助他们建立理论知识联系实际问题的思维习惯，培养他们对于前沿科学研究的兴趣。但是，其他专业的学生通常并不会接触到这些基础课和专业课。此外，在基础课和专业课中所融入的前沿科学研究也是较为有限的。因此，课堂教学环节的核心还在于开设合适的通识课，以便让对前沿科学研究感兴趣的各专业学生都可以选择。

以空气动力学前沿科学研究为载体，结合实际工程和热点问题，将有趣的现象、潜在的规律以趣味的形式进行整合，建立了“趣味空气动力学”课程的教学框架。课程设置有 32 个学时，含 2 个学时的实验教学环节。每次教学以学术报告的形式围绕一个相对独立的方向展开，关键点各有侧重，并预留提问交流环节。实验教学依托西南交通大学风工程四川省重点实验室，为学生提供参观世界最大边界层风洞的机会，并可让学生零距离接触实际工程的风洞试验。课程旨在扩展学生的前沿科学视野，提高学生对日常现象的认识，培养学生的自然科学与技术素养，激发学生的职业兴趣；坚持通识课非专业、非职业性的教育理念，从生活或专业中有趣的空气动力学现象入手，由浅入深，在趣谈中助学生理解空气动力学的基本概念，并将空气动力学基本规律应用到日常生活中，突出趣味性和科学性的结合，突出理论和实践的结合。主要内容包括：① 人类的空气动力学，高速气动吹袭会对人体造成什么影响，飞行员安全弹射的主要障碍是什么，北京冬奥会云顶场地防风网有何讲究；② 动物与空气，老鹰是如何在高空翱翔，昆虫、鸟兽的飞行与其受到的气动力有何联系，它们如何为新型飞行器提供仿生学指导；③ 军事中的空气动力学，声爆现象的机理是什么，歼-20 战机是如何表现出堪称完美的气动性能，不同用途导弹的气动布局考虑什么；④ 体育中空气动力学，贝克汉姆的任意球是如何绕过人墙飞进球门的，中国乒乓球为什么那么厉害，其中弧圈球空气动力学原理是什么；⑤ 运载工具（飞机，车辆）空气动力学，飞机是如何升上蓝天的，为什么我们乘坐飞机时经常感到明显的抖动，复兴号车头、F1 赛车的气动外形设计背后隐藏着什么学问；⑥ 桥梁与建筑空气动力学，风的作用是否能造成桥梁垮塌，世纪性工程港珠澳大桥是如何抵抗 16 级超强台风的，从金字塔到迪拜塔，直插云霄的建筑物要面临哪些空气动力学问题；⑦“地球与风”，自然界的流体是如何运动的，地球引力、自旋起到了什么作用，天气如何预报，我们所处的大气边界层有什么特点；⑧ 声音与振动，空气与声音都是我们生活中息息相关的，但声音在空气中是如何传播的，高层建筑中听到的风啸声是什么；⑨ 风的艺术存在等，“解落三秋叶，能开二月花。过江千尺浪，入竹万竿斜”。从不同角度认识风的多样性。

四、科研实践的延伸作用

课堂教学环节中仍然有一些问题无法避免，例如，基础课、专业课的改进和完善主要针对相关专业的学生且内容非常有限；通识课的开设虽然可以提高对各个专业的覆盖面，但大班教学、培养不细化等问题仍存在。在教学实践过程中发现，课堂教学环节的改进确实提升了学生对于空气动力学前沿科学研究的兴趣，部分学生表示希望能够进一步接触相关知识。对于有攻读研究生意愿的学生而言，在研究生阶段可以选择空气动力学研究方向，但若能提前接触这方面的知识显然有利于研究生阶段的学习；对于没有攻读研究生意愿的学生而言，则更需要本科阶段的学习机会。因此，科研实践环节的设计可以起到延伸效果，完善前沿科学通识教育的体系,为学生提供进一步深入接触前沿科学研究的机会。笔者结合大学生创新创业训练计划项目，将空气动力学的前沿科学研究工作进行简化，设置了适合于本科生参与的任务书，并在实践中取得了较好的效果。

以 2020 年的科研实践指导为例，笔者组建了两个实践小组，第一组由 4 位土木工程学院的学生组成，第二组由 2 位土木工程学院的学生加上 2 位马克思主义学院的学生组成。针对第一组，考虑 4 人都是相关专业的学生，基础理论较扎实，因此任务书内容设置上更偏向于实际工程方面的问题，研究题目为“变截面高耸桥塔的尾流特性及涡振性能”。随着桥梁跨度增加，桥塔也越来越高，柔度逐渐增大，对风的敏感度逐渐增强，可能出现风致振动现象，例如涡激共振。涡激共振是来流风经过桥塔后，形成了周期性脱落的漩涡，当漩涡脱落频率与桥塔的自振频率一致时，桥塔出现的大幅度共振现象。为了便于学生开展研究，将三维桥塔绕流问题简化为二维截面绕流问题,忽略了截面沿塔高方向的变化。学生通过数值模拟，可以得到不同截面的尾流特性，部分结果如图 3 所示，以此评价桥塔的涡振性能。针对第二组，考虑到 2 人是非相关专业的学生，缺少相关的基础理论，因此任务书内容设置上更偏向于生活中的日常现象，研究题目为“校园局部风环境模拟及通风优化”。风环境与我们的日常生活密切相关，但我们对其特性的了解程度却较低。随着城市的建设、校园的建设，越来越多的建筑拔地而起。这些建筑的存在必将影响其周围的风环境，若建筑区域内没有较好的通风条件，则会导致空气不流通，降低区域内人们的舒适感。为了便于学生开展研究，以本校的建筑物为对象，并对建筑物的形状进行了简化，忽略了沿高度方向的变化。学生通过数值模拟，可以将流场可视化，了解来流风在校区内各建筑间的流动规律，与日常感受相结合，并通过对比分析了解建筑物之间的距离对其中风速大小的影响。

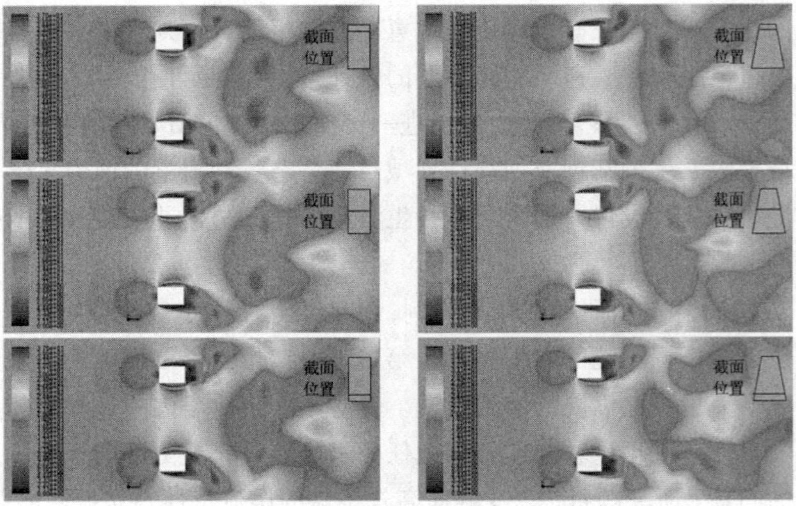

图 3　第一小组部分计算结果

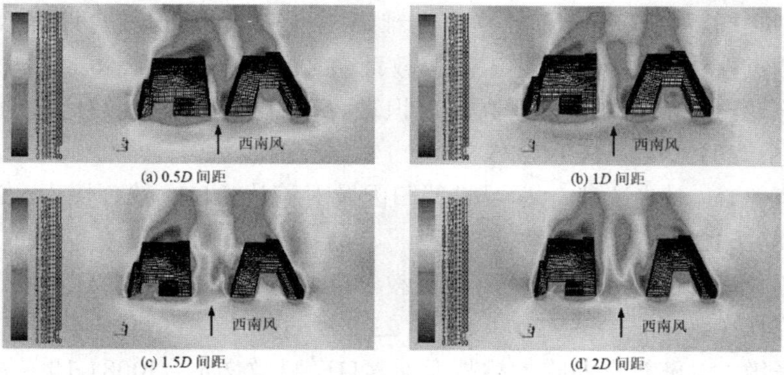

图 4　第二小组部分计算结果

五、结　语

在新工科和交通强国背景下，通识教育在高校教育教学中的地位日益重要，将前沿科学研究融入通识教育环节当中更具有积极意义。本文以兴趣为导向，通过前沿科普讲座、趣味课堂教学、科研实践训练三个环节构建了前沿科学通识教育的多层次培养体系，以科研反哺教学，激发学生探索前沿科学问题的主观能动性，提高学生发现问题、分析问题、解决问题的能力，培养适应社会发展的创新能力强的复合型人才。前沿科学研究内容在不断更新，而前沿科学通识教育环节也应该动态改进，逐步形成完善的培养体系。本文以空气动力学方向为例探讨了前沿科学在本科通识教育中的应用，相关思路也可以推广到其他前沿领域的通识教育当中，以便为学生提供更多可选择的方向，更好地提高通识教育的培养效果。

参考文献

[1] 张丽. 论完善学分制引领的通识课程改革[J]. 西南交通大学学报（社会科学版），2017，18（2）：64-69.
[2] 陈栋，谢影，李博. “双一流”背景下工科高校的通识教育[J]. 中国高校科技，2020，（8）：46-50.

[3] 王晓岗，刘庆华，许新华，樊雅娟. 工科院校通识教育课程教学的几点看法和建议[J]. 化工高等教育，2018，35（4）： 6-8，19.
[4] 陈菲. 对新工科背景下高校通识教育改革探索的思考[J]. 教育现代化，2019，6（44）： 75-77.
[5] 范亚峰. 补考大学生学习成就归因及对策浅析[J]. 教育探索，2006，186（12）：60-61.
[6] 于化新，刘慧慧，谢鑫. 大班教学问题与策略的探讨[J]. 当代教育论坛（教学研究），2011（6）：23-24.
[7] 张敏. 大班教学面临的挑战及对策[J]. 科教文汇，2008（10）：68-69.
[8] 郑书深，冯晓勇. 以科研促教学，提高本科人才培养质量[J]. 中华医学教育探索杂志，2007，6（2）：128-129.
[9] 刘超，魏明建，王均平，张玉华. 科研资源在本科教学中的作用——“科学前沿进低年级本科生课堂活动”中教学创新与传承[C]. 第四届大学地球科学课程报告论坛，西安，2010.
[10] 张宪堂，王来. 大学土木工程实验室开放管理对本科教学的促进作用分析[J]. 实验室科学，2012，15（5）：137-139.
[11] 李静. 科研创新与本科教学动态互动分析[J]. 长江大学学报（社会科学版），2016，39（5）：71-73.

以课程思政建设引领通识性课程摆脱泛娱乐化裹挟

孙燕云　徐利华

【摘　要】通识教育能为受教育者提供多元的知识和价值观，帮助学生实现全面发展，是我国现代高等教育的重要组成部分。随着新媒体技术的发展和资本的注入，近年来泛娱乐化思潮逐渐喧嚣尘上，为教育领域特别是通识性课程教学带来了较为严重的冲击。然而，肤浅的泛娱乐化活动非但难以引人深思，反而还会碎片化求索的过程，导致学习浅表化，与培养高层次人才的初衷相去甚远。为使通识性课程教学摆脱泛娱乐化的裹挟，必须扎实推进课程思政建设，以立德树人为根本，积极领会通识教育的内涵，切实贯彻价值塑造、知识传授、能力培养三位一体的育人理念。

【关键词】泛娱乐化；通识性课程；课程思政；立德树人；实事求是

通识教育能为受教育者提供多元的知识和价值观，帮助学生实现全面发展，是我国现代高等教育的重要组成部分。近年来教学改革如火如荼，大到教学理念，小到教学技巧，各种改革策略层出不穷。其中，有些学者特别强调在高等教育改革中融入“快乐学习”理念的重要性，该

基金项目：四川省 2021—2023 年高等教育人才培养质量和教学改革项目（JG2021-246）；西南交通大学课程思政建设项目（SZ20211046）；西南交通大学 2022 年课程思政建设专项项目（KCSZ20220001）。

作者简介：孙燕云，西南交通大学物理科学与技术学院副教授，博士。
徐利华，西南交通大学物理科学与技术学院副教授；研究方向：大学物理实验教与学。

观点也被应用于一些通识课教学实践中。

诚然，提倡快乐学习的初衷是激发教师和学生的情感投入，使得学习在愉悦的氛围中发生，然而在实践过程中却发现有些学生乃至教师对其的理解存在误区。针对某国家“双一流”和“985 工程”建设高校的调查结果显示，近半数的学生认为通识课最主要的作用居然是“调节学习生活、提高生活品质”，与通识课程“全人教育”这一建设目标相去甚远。

一、泛娱乐化思潮

泛娱乐化指的是以娱乐的方式对待其他事物或活动，并表现为过度贪恋娱乐以及社会文化娱乐化。目前，泛娱乐化倾向已经出现在社会生活的多个领域中，并逐渐演变为一种思潮渗入其他领域。

网络传媒上某些作品为了追求点击率，言语低俗、以丑为美、以假乱真，只追求感官刺激就是泛娱乐化的一种表象。在盲目进行娱乐崇拜的过程中，其所传播、倡导的思想观点已经逐渐偏离了社会主义核心价值观。尽管这些作品为精神文明建设带来了消极的影响，但由于其特点明显，较容易引起人们的警醒。

另有一些电视节目、网络作品看上去质量还不错，事实上已落入了泛娱乐化的窠臼。下面以与辩论有关的节目为例展开说明。辩论活动本是观点密集输出的较为严肃理性的活动，可一旦注入娱乐的“活化剂”，其理性色彩就被大为弱化了。20 世纪 90 年代的国际大专辩论赛，辩手们逻辑清晰，学识渊博，舌灿莲花，落落大方。彼时的人们大多相信辩论是为了求索真理，在辩论赛举办期间街头巷尾谈论的多是某个观点是否真的可以站得住脚，某段陈述是否发人深省，鲜有人关注辩手们的样貌衣着，更无人问津辩手们的私人生活。可当将娱乐与辩论糅合在一起时，传递出的理性观点明显变少，取而代之的是辩手的个性越来越突出，行为举止越来越博眼球。辩手们关心的是为观众留下印象，而非观点，观众们热议的话题也多变成了围绕辩手个人展开，而非论点论据。严肃理性与娱乐之间仿佛屹立着一座巍峨的高山，似有幽径，但终难跨越。

上述现象不只发生在辩论类节目中，在其他的热点评述等分析类节目中也时有发生。在泛娱乐化思潮的影响下，一些主创团队和受众对问题的解析和判断只停留在表层，导致他们的见识愈来愈浅薄、思路愈来愈狭窄。在面对重大、严肃问题时，泛娱乐化的探讨模式封闭了深层次思考的大门，阻碍了理性思维的发展。

即便是一些有知识传播色彩的电视、网络传媒作品，仍需警惕泛娱乐化的负面影响。现代传媒中存在着大量诸如“一分钟了解×××”“一分钟学会×××”“一分钟读懂×××”的资讯，似乎所有内容都可以在短时间内掌握。显然该观点是不切实际的。离开了沉淀和反思，快节奏输入的信息很难被充分消化吸收，对于艰深的内容更是如此。换言之，此类信息明明对扎实构筑精神文明大厦益处寥寥，却偏偏给人以“求知不用多努力”的错觉，从潜意识层面弱化了人们进行深入学习的欲求。

二、受泛娱乐化思潮裹挟的通识性课程教学

（一）适度的娱乐化教学

早在两千多年前，孔子就做出了“知之者不如好之者，好之者不如乐之者”的论述。关于此处“乐”的含义，有教育者把它与古罗马贺拉斯“寓教于乐”中的“乐”关联起来，即将教育寄寓在审美娱乐之中。

毋庸置疑，对于部分教学内容，采用娱乐化的教学方式的确可以收获较好的教学效果。有调查结果表明，53.8%的幼儿教师将游戏视作教学的辅助手段，15.3%的幼儿教师认为通过游戏教学能够完成大量课程目标。在高等教育领域，也有教育工作者将游戏引入大学英语课堂教学、引入俄语课堂教学、引入传统文化课堂教学等。也有教育工作者将游戏引入理工类课程的了解基本概念环节。简言之，对于浅显易懂或强调记忆的教学内容，娱乐化的教学方式对于教学质量的提升是有助益的。

（二）泛娱乐化的教学

通识教育对提升人才培养质量具有不寻常的意义，由于被赋予了拓宽学生视野和提升跨学科意识的教学目标，通识课程涉及的教学内容往

往较为宽泛，面向的学生群体也较为广泛。但当践行通识教育理念时，却发现并不容易。困境之一就是学生的学习积极性很难达到预期。高校中学生大多以专业学习为根本，有学生在该理念的支配下，对通识性课程的情感投入和行为投入都显不足；有学生从找工作、深造等角度考量，认为相较于专业课，通识课并没有那么“有用”，因此并不热衷于主动参与教学活动；还有学生致力于降低获取学分的难度，主动避开要求较高、教学管理较严格的课程。为了使冷清的课堂热闹起来，有些教育工作者建议通过将游戏引入教学的方式增强课堂吸引力。

教学活动本应具有崇尚科学、追求理性、秉承超越等特征，但泛娱乐化扭曲甚至丧失了教学活动自身的价值负载，必须予以警惕。事实上，已经有教育工作者指出地方高校的本科通识课由于种种原因导致存在休闲娱乐的倾向。需要特别强调的是，通识教育的宽泛性不能被曲解为浅显。同其他类型的课程一样，通识性课程的教学目标也应该让学生“跳一跳才能够得着”，所有的教学活动都应该紧密围绕教学目标展开。将不必要的游戏、表演放入课堂中，将简单内容过度演绎，不利于扎实提高教学质量，也不利于有效利用宝贵的教学时间。

尽管泛娱乐化的课堂活动看上去有声有色，但在这样“丰富多彩”的课堂上，胸怀抱负的青年学子反而感到乏味，他们从喧闹的教室走出后并未感到回味悠长，而是空虚迷茫。为了追求表面热闹而放弃了教学质量，无异于舍本逐末，弃珠留椟。

（三）泛娱乐化教学的隐患

至此，有必要再论“知之者不如好之者，好之者不如乐之者”中“乐”的内涵。提出“寓教于乐”的贺拉斯原本关注的是文艺之教，文艺之教与教育之教无论是从内容上还是形式上都不可简单等同。孔子所谈之乐，应意同为学之乐，强调的是学习者由于获得通达之感而取得的内在喜悦，也可理解为通过学习获得的深层次快乐，而非形式上的感官愉悦。事实上，古今中外对于学习本身就是一个艰苦的过程这一观点是有共识的：中国有“书山有路勤为径，学海无涯苦作舟”的传世名言，古希腊亚里士多德有“教育根苦果甜”的主张，爱因斯坦也曾说过“学习知识要善于思考、思考、再思考”。

苦思冥想是达成深刻学习、获得内在喜悦的必由之路。肤浅的泛娱乐化活动非但难以引人深思，反而还会碎片化求索的过程，导致学习浅表化，与培养高层次人才的初衷相去甚远。无独有偶，在 1858 年斯蒂芬·道格拉斯与亚伯拉罕·林肯的一次辩论中，道格拉斯面对观众给予自己的掌声，也发表过类似的观点——“我的朋友们，在讨论这些问题时，沉默比掌声更得体，我希望你们能够用自己的评判力、理解力和良知来听我的演讲，而不是用你们的激情或热情”。

尽管娱乐化的学习方式有助于快速记忆，但不能将之泛化为教育的主要活动。也许有人对之并不赞同，认为既然力不多费功亦达成，何不将娱乐化学习方式推而广之？如果课程学习的终极目的就是课程内容的具体知识点，上述观点似乎没什么问题。然而，当我们把育人目标定位为面向未来时，就会发现该观点并不恰当。在这个日新月异的时代，知识更新的速度远非昔比，我们不能奢望以现有的知识内容去应对所有的未知问题，更不能将学生的视域仅局限于人类过去与今天的智慧结晶上。

面向未来的育人目标要求我们必须重视培养学生发现、分析、解决未知问题的能力，必须重视培养学生理性解读、深刻思考的能力，必须重视培养学生勤学苦练的奋斗精神。学生在学习期间养成的正确学习方法和态度，是解决未来未知问题的法宝。教育的目标不只有知识一个维度，还有思维维度和能力维度。既然教育的目标不仅在于具体的知识点，那么以记忆为里、以热闹为表的娱乐化教学方式便失去了被泛化的理性前提。

三、以课程思政建设为引领，摆脱泛娱乐化思潮裹挟

以立德树人为根本，积极领会通识教育的内涵，切实贯彻价值塑造、知识传授、能力培养三位一体的育人理念，是引领通识性课程摆脱泛娱

乐化思潮裹挟的明灯。《高等学校课程思政建设指导纲要》指出，课程思政建设工作要围绕全面提高人才培养能力这个核心点，紧紧围绕坚定学生理想信念展开。在泛娱乐化的课堂中，可根据教学内容的特点和需求，将之前“娱乐”性较浓厚的教学环节更新为高质量融入课程思政的引入、思考和拓展等教学活动。在活化教学氛围的同时完成课程思政内容的供给，既实现了价值塑造，又完成了知识传授和能力培养。具体的融入方法灵活多样，但进行课程思政建设时持有的态度应严肃认真，以立德树人为基本出发点，以实事求是为根本遵循。

（一）以立德树人为基本出发点

一切教学改革都应以落实立德树人这一教育的根本任务为出发点，坚持求真务实，杜绝形式主义。改革的对象应聚焦于教学实践中的实际问题，改革举措也应围绕解决实际问题展开。弃教学事实于不顾，只注重赶时髦、求立异的功利式改革思路不可取。

教学是目的性较强的教育活动，不能一味地追求感官刺激。教学改革时应注重教学的严肃性，着意营造“团结紧张，严肃活泼”的育人氛围。表面肃静的课堂并不能被简单等同于教师唱独角戏学生死气沉沉的低质课堂。与之相反的，严肃的教学有助于师生共同体更加睿智，更加深邃，更加沉稳，更有责任感。冷静思考能够赋予教学深刻理性；严谨态度利于掌握知识和技能；肃静环境利于教学有序进行。换个角度理解，课堂中的肃静也许刚好标志着师生教学共同体进入了全心贯注的心流体验状态，该时刻学生正处于内心富足的“乐知之”层次，是教学活动激发学生内在的学习动机的具象。这样优质的肃静课堂非但不该被指责，反而应该被褒奖和鼓励。

（二）以实事求是为根本遵循

实事求是理念是马克思主义的精髓，是中国特色社会主义理论体系的精髓，是中国共产党思想路线的核心，也是课程思政建设的根本遵循。在教学实践中，应当根据遇到的具体问题灵活选用合理高效的教学方法。

只有二者高度契合了，好的教学实践才有可能发生。

高等教育中的教学方法是教学活动的重要组成，关涉到教师教与学生学的互动，是师生互动方式与科学方法的统一。按照主要表现形式的不同，教学方法可分为讲授启发式、问题探究式、自学程序式、活动经验式和情境陶冶式等多种模式。不同的方法针对不同的教学诉求，适用不同的教学场景，没有哪种可以包治百病。

在可供选择的教学方法中，有些可能来自传承，有些可能来自创新。传承也好，创新也罢，只要能够解决具体问题，达到教学目标，都是好的教学改革。坦言之，相较于教学的终极目标，教学方法本身是否新颖繁多并不重要，能够有效帮助学生“求是”才是要义。在“求是”的过程中，培养学生追求真理不懈努力的科学精神也呼应了课程思政建设的初心。

其实在大多数情况下，返璞归真的教学活动更能引领学生实现全面发展，也更符合学生的认知习惯。在探求教学改革方案时应尊重教育教学规律和学生成长规律，不能将具有实质内容的教育瓦解为无休止的教学法实验，否则就沦为了形式主义。

参考文献

[1] 李岩. 大学教育教学改革中快乐学习理念的融入[J]. 现代交际，2016（3）：249-250.
[2] 王洪艳. 提高学生学习快乐度的方法探讨[J]. 广东科技，2008（10）：66.
[3] 游永恒. 论课堂教学中的心理教育[J]. 四川师范大学学报（社会科学版），1999（4）：89-95.
[4] 黄凌梅，南晓鹏. 研究型高校本科通识教育课程实施困境探析——基于N大学通识教育课程学生满意度的调查研究[J]. 高等理科教育，2020（2）：80-86.
[5] 金耀基. 论大学通识教育的本质与意义——简介香港中文大学的通识教育的理念与实践[J]. 现代大学教育，2021，37（5）：1-6，112.

[6] 河南省中国特色社会主义理论体系研究中心. 论抵制低俗文化之风[N]. 光明日报，2012-03-22（1）.
[7] 尼尔·波兹曼. 娱乐至死[M]. 章艳，译. 桂林：广西师范大学出版社，2009.
[8] 黄旭光. “教”与“乐”——贺拉斯“寓教于乐”观的内蕴及价值评析[J]. 柳州师专学报，1999（4）：61-64.
[9] 彭海蕾. 幼儿园游戏教学研究[D]. 兰州：西北师范大学，2002
[10] 张筠. 新形势下大学英语词汇教学改革与实践探究[J]. 科教文汇（中旬刊），2020（4）：187-188.
[11] 赵葳. 主持式大学英语特色教学模式探索[J]. 吉林省教育学院学报（下旬），2012，28（3）：91-92.
[12] 王胜胜，刁红梅，白杨，等. 中外合作办学中的外语课堂模式初探[J].才智，2013（14）：125.
[13] 梁玉洁. 中国传统文化课程在线“混合式教学”的探索[J]. 三门峡职业技术学院学报，2021，20（2）：64-68.
[14] 邱晓航. 化学概论课程中有效教学方法的研究与实践[J]. 大学化学，2019，34（10）：129-131.
[15] 阎光才. 关于本科通识教育的林林总总[J]. 中国高教研究，2021（12）：12-17+56.
[16] 杨晓奇. 教学“泛娱乐化”：隐忧与化解[J]. 教育学报，2020，16（2）：59-65.
[17] 李梅. 教学中的运用——再演历史教学法[J]. 兵团教育学院学报，2019，29（2）：67-70.
[18] 孙记. 通识课与法学本科职业伦理教育——以地方高校卓越法律人才培养计划为例[J]. 黑龙江教育（高教研究与评估），2017（6）：86-87.
[19] 侯怀银，王俊琳. 改革开放以来中国大陆大学教学方法研究：历程、进展和趋势[J]. 高等教育研究，2014，35（10）：63-71.
[20] 段兆兵. 在选择中生成——论教学方法的选择与教学过程的生成[J]. 教育科学，2009，25（3）：24-28.
[21] 卡尔·雅斯贝斯. 时代的精神状况[M]. 王德峰，译. 上海：上海译文出版社，1997.

量子思维导向的通识教育与新时期高校创新创业教育人才培养模式研究

唐志红　周贤永

【摘　要】不确定性是当今世界最大特征之一，如何在不确定性特征日益加深的时代背景下开展创新创业教育是我们面临的重要挑战。混沌时代大学的创新创业教育是将不确定性创新与确定的创业结合，因此量子思维就成为我们的选择。20 世纪初兴起的量子力学，主张世界由能量球组成，与牛顿思维不同的是，量子思维认为能量球碰撞时不会弹开，反而会融合为一，不同的能量也因此产生难以预测的组合变化，衍生出各式各样的新事物，蕴含着强大的潜在力量。通识教育的核心不在于不同类型知识的提供，而在于使学生学会自主学习，学会思考，量子思维导向下的通识教育与专业教育的有效结合，有助于推动学生基于问题实现知识的跨界融合，从而提升创新创业能力。

【关键词】量子思维；通识教育；创新创业；量子纠缠；量子叠加

一、引　言

“创新创业教育”由创业教育概念演变而来，与通识教育一样在我国

基金项目：科技部创新方法工作专项项目（2017IM010700）；西南交通大学本科教育教学研究与改革项目（1802026）；西南交通大学本科教育教学研究与改革项目（1804089）；2018 年国家级教学成果奖二等奖获奖项目“基于‘生态链+方法链’的创新创业教育体系构建与实践”的阶段性研究成果。

作者简介：唐志红，博士，西南交通大学公共管理学院副教授，硕士生导师；主要研究方向为创新管理、产业经济。
周贤永，博士，西南交通大学公共管理学院讲师，硕士生导师；主要研究方向为创新管理、创新方法应用。

高等教育体系中起步较晚，但发展迅速。创业教育在欧美发达国家已有了几十年的发展。早在20世纪四五十年代美国高校就开设了创业课程；20世纪80年代，创业教育突破商学院的边界面向所有学科学生，成为美国高等教育发展最为迅速的学术领域之一。与此同时，日本、英国、德国等高等教育发达的国家开始将创业教育作为优先支持和发展的领域，纷纷开设引进创业教育课程。1989年，联合国教科文组织在北京召开“面向21世纪教育国际研讨会”，将“创业能力护照”作为“21世纪教育的教育哲学”中提出的与学术性和职业性教育护照相对等的“学习的第三本护照”。1998年，联合国教科文组织在法国巴黎召开的首届世界高等教育大会上通过的《21世纪高等教育宣言：展望与行动》提出，“为使毕业生就业，高等教育应主要培养创业技能和主动精神，毕业生将不仅仅是求职者，而首先是工作岗位的创造者”。创业教育成为世界高等教育改革和发展的趋势。

纵观欧美创业教育，创业思维和创业能力的培养是重点。全美创业教育排名第一的百森商学院重视创业课程和创业实践的结合，斯坦福大学重视创业氛围的开展与创业网络的连接，而英国谢菲尔德大学则侧重于学生在创业实践中的感知。

与欧美国家不同的是，我国的创业教育一开始就与创新结合在一起。2002年，教育部确定，清华、中国人民大学等9所高校率先进行创新创业教育试点；2008年，教育部通过了质量工程项目建设的30个创新创业教育人才培养模式试验区。我国的创新创业教育以教育部2010年下发的《关于大力推进高等学校创新创业教育和大学生自主创业的意见》为标志，开始进入新的发展阶段。在大众创业、万众创新的时代背景下，高校创新创业教育又被赋予了新的时代内涵。2015年，国务院办公厅发布《关于深化高等学校创新创业教育改革的实施意见》，明确要求深化高校创新创业教育改革，培养高素质创新型人才，促进学生的全面发展，推动学生高质量的就业和创业。国家确立了到2020年建立健全高效创新创业教育体系、普及创新创业教育的总体目标，明确了“面向全体、分类施教、结合专业、强化实践”的基本原则。

通识教育的缘起早于创新创业教育，可追溯到亚里士多德主张“自由人教育”，伴随工业革命，纽曼主导的“博雅教育”（liberal education）主张培养博学多才、行为优雅的人。中国古代普遍重视通识。《易经》主张“君子多识，前言往行”，《论衡》则认为“博览古今者为通人”。现代意义上的通识教育是欧美学者认为学科分科太细而造成知识被割裂，起步于19世纪。到20世纪欧美各高校纷纷将通识教育广泛纳入必修科目。通识教育强调学生知识的融会贯通能力与可迁移能力的提升比深耕某个专业领域更重要。人才培养的“通”与“专”的争论持续进行。

从教学实践看，创新创业教育因为实践性太强，无论教学内容还是师资都难以嵌入现有专业教育体系。传统的高校教育强调专业知识教育，从而形成学科的专门化，但现实中问题往往是多学科甚至是超学科的叠加，通识教育往往成为多学科知识的堆积，使得学生了解了常识，但在此过程中知识碎片化现象突出。通识教育往往缺乏系统化设计与开展，以至于学生难以结构化运用。面向未来时代人才的需求才是通识教育的根本出发点，也是创新创业人才培养的关键。

从“通”到“专”再到“创新创业”，每一步跨越背后都是思维的融通，关键就是问题原点，提炼出元问题。量子思维的通识教育就是以哲学解释为出发点，从提出问题、修正问题到确认问题和解决问题四个阶段强调教育的改革。作为通识教育的科学课程，是智力和学术上的启蒙，而非狭窄单一的专业或职业教育，使我们从哲学角度明确到底什么才是我们面临的元问题，这也才是创新创业人才培养之关键。

二、文献回顾

创新创业教育具有教育的一般特征，即长期性，其效果不是一蹴而就，需要长期实施。国外创新创业教育实践起步较早，因而对该领域的研究也趋成熟。

知行合一的实用主义实践哲学观是美国创业教育理念形成的思想基础。杜威的实用主义哲学观直接影响了特曼“创业型大学”理念的创新。杜威主张“知行合一”，提出了探究行动“五步思维法”的思想：第一步产生疑问情境，第二步设定问题，第三步是决定解决问题的方法，第四步是推理，第五步是用行动检验假设。在此思想指导下，实践教学是指在大学人才培养的全过程贯穿实践教育的思想。特曼在该思想指导下推动了斯坦福大学的创业教育并在其理念影响下建立起来世界上第一个高校创业区——斯坦福工业园区。1991 年，“教育革新与发展服务计划”中明确提出创业教育是指首创和冒险精神、创业能力、独立工作能力以及技术、社交和管理技能的培养，其教育目的是“为学生灵活、持续、终身的学习打下基础”。匹特·罗宾逊和马克思·哈尼在一份对美国全国大专院校 232 个超过 10 000 名学生的电话调查中，引导并决定了教育课程的发展与广度要聚焦于创业家精神。澳大利亚、加拿大、新西兰等国家组建了一批集理论基础与实践经验于一体的创新创业师资团队，很多发达国家也将创新创业教育精细化，注重对学生创新创业意识和能力的培养。

国内学者也对创新创业教育的根本目的和特点进行了相关探讨。李家华（2010）指出高校创新创业教育是提高人才综合素质的一种教育模式；刘伟（2011）提出创新创业教育是适应经济社会发展和高等教育自身发展的需要。这些理论成果一定程度上推动了创新创业教育的深入发展。杜运周（2010）认为创业教育是一门与实践紧密结合的课程，将高校创业教育理论与实践结合是成功开展创业教育的难点和重点。王游（2013）认为，影响我国高校创业教育效果的主要教育思想是教师中心论的机械唯物观，创新教育与创业教育二者具有共生性。

有部分学者注意到通识教育与创新创业教育之间的关系。孙莉（2021）从通识教育与创新创业教育的历史区隔、教学重点现实问题出发，对二者融合的理论和路径进行探讨，但就具体的路径而言，其研究更多还是课程组的讨论，强调多学科课程的组合。

华东师范大学探索了量子思维与通识教育的关系，该校“跨越时空和学科及生命的量子学说和量子思维”项目指出“量子论也许更接近教育的本质”，“量子科技和量子思维正在改变世界，推动社会进步。希望该研究为量子思维从理论探索推广到工具应用，开辟崭新的研究方法与独特的分析视角，为量子时代下多学科、多视角的学科交叉与前沿创新，为卓越人才教育与培养，以及经济与社会等的发展和治理提供有效的方案。”该校基于量子思维导向推进通识教育体系建设，重点打造“人类思维与学科史论”课程群，为通识教育改革和创新创业人才教育提供了新的示范[①]。

三、问题的确认

1. 既有创新创业教育与通识教育面临的突出问题

国家大众创新万众创业高校创新创业教育发展至今，在理论和实践上都取得了一定的进展。同时，我们也应该清醒地认识到，我国创新创业教育起步较晚，目前只是在数量上有着较为可观的成果，教育质量还有待提升。马永斌和柏喆指出，我国创新创业教育的模式匮乏，创新创业教育的课程设置有待改善，另外我国高校创新创业教育师资力量薄弱，评估模式有待改进，这些都是当前有待改善的地方。吴玉剑（2015）也指出，当前推进高校创新创业教育改革面临诸多困境：基础教育应试教育模式对学生创新潜能的“抑制”和“阉割”，高校在大学生创新创业教育培养上的“缺位”和“失位”，大学生创新创业的支持体系的“薄弱”和创业评价机制的“偏差”。事实上，创新创业教育模式总是与时代特征，与创新的格局以及可能的创业机会、形势动态匹配。

第一，创新创业教育是创新创业与专业教育有机融合的过程，其课程设置和教学方式具有天然的综合性和跨学科性质。对于跨学科课程而言，无论是教学内容的设计还是教学系统的结构化设计，不在于一个个独立的知识点，在于将这些知识点置于一定的宏观和微观场景，培养学生立足于自身的专业形成看待客观世界的视角以及认识客观世界的规律。众多创新创业教育着力于创业的技巧和具体问题展开教学设计，本质上是将创新创业作为一个新的专业开展，而不是将创新创业作为当代大学教育的基础，二者的融合度缺乏。

第二，目前的创新创业教育从教学内容和方式来看，在于对现有的

① 资料来源：《中国工程院院士、华东师范大学校长钱旭红：教育要回答“钱学森之问”》，https://baijiahao.baidu.com/s?id=1699420415860415512&wfr=spider&for=pc。

模块进行组合，强调创业的方式，尤其是围绕创业强调创新的教育。事实上，量子时代对人才的素质模块以及跨学科课程的板块体系提出了更高的要求，需要从不同模块的组合入手，解决模块之间的组合思维、组合方式以及具体实现路径，尤其是面对变化和混沌未来的应对变化的可能性，解决学生跨而不融是现实问题。

第三，通识教育受到重视，对大学生价值观引导和强化对知识本源的理解起到了积极的作用，但现实教育中往往从拓宽视野、增加人文素养角度开设系列课程尤其是人文的课程。部分高校强调理工科选人文学科，人文类学科选理工科，从形式上使人文学科理解理工，理工科学生学了人文，这样的通识教育本质上依然只是学科知识的灌输，难以形成系统性和根本性的底层科学思维。浅尝辄止的教学和学习都难以达到预期的效果，放几部电影不等于电影艺术欣赏，讲几段历史不等于通晓古今，这样做反而使通识课成为送学分的课程，背离通识教育的原本初衷。

2. 面向未来的创新创业教育与通识教育面临的问题

高校的课程改革是一个面向未来人才需求的系统化顶层设计，而不是就事论事的运动式改革。高校创新创业教学改革的发展不仅仅是对国家“大众创新万众创业”的回应，更是对新时代人才培养的必然探索。我们需要思考的问题是：面向未来人才需求的高校系统性人才培养方向是什么？基于未来思考今天的问题是我们定义问题的出发点。

人类文明面临前所未有之变局，我们当前面临的最大问题是三期叠加下的复杂场景：以人工智能为核心的新科技时代、后疫情时代和俄乌冲突后时代。世界逆全球化和部分国家某种程度的去中国化背景下，中国高等教育面向时代使命，必须强化对学生创新思维、创造思维、批判性思维和责任伦理思维的培养，从而使得中国教育能成为现代化文明的重要创造者。

大学学习不仅仅是对既有知识的掌握，更是基于既有知识和科学发展吸纳新的知识，现实中的问题不区分学科属性，以学科为导向的高等教育重视通识教育的关键就是培养学生以通识打通学科界限，从“常识、见识、知识、认识”四个层面论述既有学科知识和未来世界的联系，以量子思维方式激发学生的创新性思维，从而推动学生基于个体偏好和认知形成问题的界定，创造性地解决现实问题和发现新的问题，是“通”还是“专”并不是问题的关键。

四、相关理论框架的分析和构架

1. 从牛顿思维到量子思维

牛顿思维认为世界由原子构成，原子和原子间就像一颗颗撞球一样，彼此独立，即使碰撞一起也会立即弹开，所以不会造成特殊的变化，牛顿定律则给出了具体的事物演变规律，我们的教学应该从知识角度明确事物的基本内涵以及发展特性，强化学科的独立性和研究边界，突出每一个学科的完整体系。

量子思维主张世界由能量球（energy balls）组成，能量球碰撞时不会弹开，反而会融合为一，不同的能量也因此产生难以预测的组合变化，衍生出各式各样的新事物，蕴含着强大的潜在力量。相对于牛顿思维从宏观尺度上为我们确定的、可观察的、可预知的世界，量子思维则从微观持续界定了世界的不确定、变化莫测和充满混沌（如图 1 所示）。

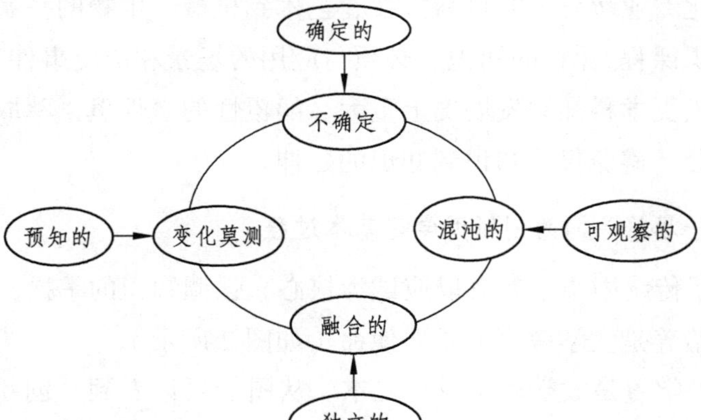

图 1　从宏观的牛顿思维到微观的量子世界

相对于牛顿思维，量子思维更加强调每一个物质都能是能量体，相互之间的作用和动态和不确定的。量子思维的教学，强调的是创新思维的培养，突出跨界地运用自身既有的专业知识。

2. 量子思维导向的通识教育

创新是新规则的建立，创造力从根本上说是一种意识现象，其从先念潜在性不连续地显现真实的新的可能性，学习则是通过旧规则的掌握寻找到新规则建立的方法和路径。如同《荀子·儒效》“千举万变，其道一也”、《庄子·天下》“不离于宗，谓之天人”，牛顿思维强调了万物变化的大道，从教学的过程和内容设计看，应强调学科基础课程和哲学课程的融入。爱因斯坦强调哲学是全部学科之母，中国现代大学教育中严重匮乏哲学课程的介入。既有大学人才培养大一都是一些辅助型基础性课程，本科教育基础课程则从培养学生思维方式入手，考虑知识的结构化和阶段性，教学手段可以更多采用讲授式和讨论式，教学内容上可以将学科基础课程和哲学课程融入其中，使得学生不是简单掌握学科基本概念和原理，而是掌握学科哲学思维，获取认知学科的基本世界观。从现代创新的理论与实践看，跨界融合是当今世界创新的重要特征，因此，我们还必须在此环节叠加量子思维，在本科初始阶段采用大类人才培养模式、弱化专业教育，开设从人文、艺术到机械、生物的一系列的跨界融合式通识课程，课程的知识点必须与应用的场景和历史事件有效结合，学生能从人类学科知识发展史上重大、颠覆性的事件里，萃取“思维自由”的养分，避免仅从知识到知识的延伸。

3. 量子思维导向的创新型学习基本过程

相对于传统中小学教育以应试为核心，强调知识的掌握，创新思维和能力的培养是大学教育的重要使命（如图 2 所示）。

创新型学习是大学教学设计之本。从图 2 可以看到，创新型学习是从知识到思维、从思维到智力、从智力到行为，从行为到实践创新能力，最后由实践创新能力又回到更高层次新知识的一个周而复始的循环过程。在这个循环过程中，场景解码是关键，任何创新都有时代性和历史性，场景是时代的具体体现。当今世界正处在关联的、动态的和不确定的时代，在什么场景下呈现知识、知识的组合以及知识的变化，未来将呈现什么新的场景，这决定了我们行动的方向。我们的创新教育应该培养学生更多地从关联、动态、互动和不确定的视角来看待当前及展望未来的世界。

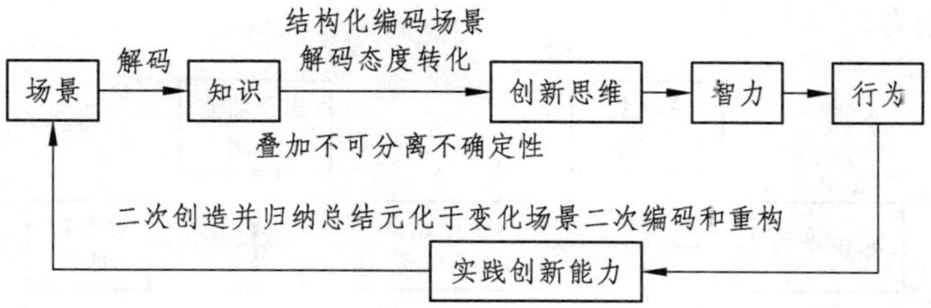

图 2　创新型学习路径

知识是所有学习的基本对象而不是学习的目的，思维形成的关键在于对知识的结构化自组合从而形成看问题的角度以及解决问题的路径，创新创业教育的关键不是知识数量的传授，而是基于问题的思考从而对知识进行结构化组合。爱因斯坦明确指出：“大学教育的价值不在于记住很多事实，而是训练大脑会思考。”

4. 从创新型学习到创新创业人才培养

当今世界，科技日新月异，应对时代挑战的核心在于创新，包括知识创新和技术创新，主体则是具有创新思维、创新意识和创新能力的人，应对时代的需求，培养具有创新意识和创新能力的创造性人才成为当今大学教育之本。从大学教学设计以及组织实施系统研究，创造性人才培养的落脚点就在于通过系统化、结构化知识的传播培养大学生的创新思维进而激发起创新意识，提升其从思维向行为转换的能力。在创新型学习基础之上，从心动到行动的过程也就是创业的过程（如图 3 所示）。

从图 3 可以看到，大学创新创业教育通过知识的学习帮助学生从变化的社会机会中识别出创新型创业机会，量子思维导向的通识教育则帮助学生创新地运用学生自身专业知识解决新的问题，并因内在驱动力和社会环境的激励而积极采取措施实现创业。教育就是要在机会、能力和行动之间架起沟通的桥梁。未来是不确定的，但历史是确定的，自然规律是预知的，而具体的演变过程则是变化莫测的，每一个知识点都是独立的，但相互独立的知识点融合叠加产生新的知识，现实是混沌的，但现象是可观察的。学生的培养观察就是从场景的观点能力入手，培养他们用历史眼光看待现实和未来的能力，提升他们利用类似问题分析当下问题的能力。

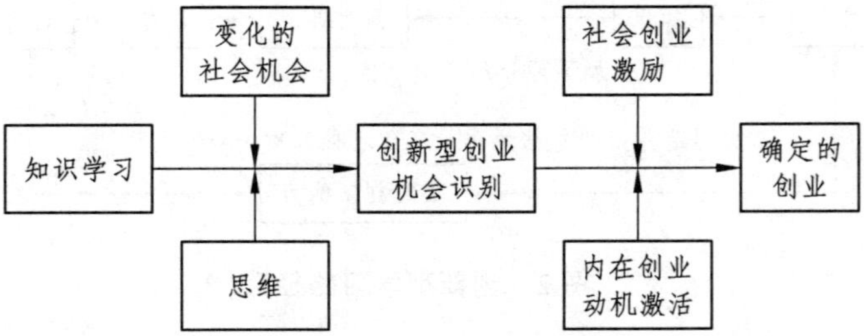

图 3　创新型创业培养过程

在不确定性日益增强的时代背景下，从创业机会的探寻范式、创业团队的组建到创业资源的整合，基于量子思维的创新创业教育范式都可以在未来的不确定性、不可预测性和创新创业总体框架之间提供一个必要和合理的适应性安排（如图 4 所示）。

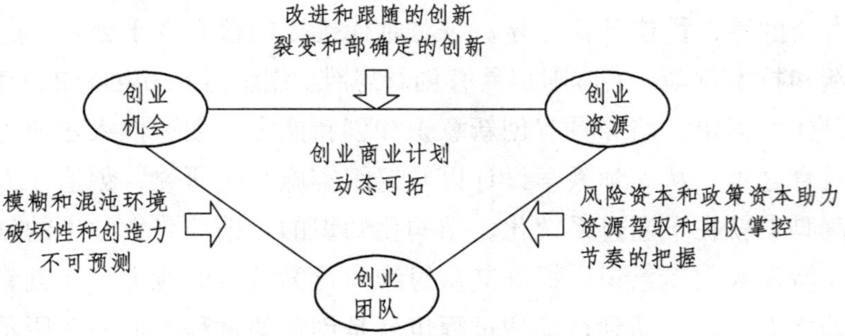

图 4　基于量子思维的创新创业教育范式必要性和可行性

看问题的角度决定我们看问题的高度。所有的教学设计都是面向未来的科学基于既有确定认知的组合。量子思维下，一个整体的意识由四个量子可能性世界组成：物质世界是我们的感官感受到的现实世界，生命世界是我们能感受到能量的世界，精神世界是我们思考和处理含义的世界，以及凭知觉感受到的超越精神原型的世界——真理、美、爱等。无论是教学内容的设计还是教学系统的结构化设计，不在于一个个独立的知识点，而在于将这些知识点置于一定的宏观和微观场景，帮助学生立足于自身的专业形成看待客观世界的视角，认识客观世界的规律。从创新到创业，恰是一个混沌不确定创新走向确定的产业化、商业化创业过程。大学教育推动的是创新型创业，创新是基础。我们将牛顿思维作为大学创新创业基础性专业课程的主要指导思想，而以量子思维与牛顿思维的叠加作为推动学生从创新走向创业并努力实现创业成功的认知框架与行动准则。

五、以量子思维导向的通识教育促进创业创新人才培养的理念、模式与路径探索

1. 理　念

在 VUCA（volatile, uncertain, compex, ambiguous, 即易变性、不确定性、复杂性、模糊性）的时代背景下，创新创业教育的范式有待于将量子思维引入，以量子思维打通通识教育与专业教育，有效提升跨专业思考和解决问题的能力从而塑造创新创业人才。不论是创新本质的认识，还是创业知识的学习；不论是创业机会的发现，还是创业实践的展开，都有赖于师生之间、学生与学生之间在相互交流过程中作为能量主体的相互碰撞和融合，强化知识的系统化场景，从知识的传播到思维自由的培养。

2. 模　式

基于量子思维的创新创业教育模式的落脚点在于针对 VUCA 时代促进师生之间、学生与学生之间的跨学科交流和融合，其中跨学科课程的设计和开展是重要切入点之一。通识学科课程设计需要解决的问题不是简单加总式的跨界组合而是有机融合，不是简单汇总而是量子叠加，特

别是强调思维的训练。因此，开展的通识课程从内容到教学形式，从专业教师到通识课教师，从课后讨论到考试形式，从多种教学手段的运用到学生对课程进程的参与式设计的深度分析，最终都需要给出量子时代通识课程的教学体系设计。

3. 路　径

量子思维融入创新创业教育过程的基本路径是回归大学人才培养的根本宗旨，围绕富有创新精神、创新创业能力的人才培养，以量子思维为导向构建通识教育体系（知识体系、思维体系）促进通识教育与专业教育的有效融合，从而培养学生的创新思维，进而强化行动激励，形成从知识到思维，从思维到行为，从泛化到工具的创新型人才培养全链条和全过程。

具体操作中首先要摆脱学科思维建立问题思维，解决问题是跨界的，提出问题的能力的培养是教育的第一目标。课堂教学鼓励学生提出问题，科学提出问题，跨学科提出问题，更关键是通过展望未来提出问题，基于对未来的判断，今日的很多问题并不是真正的问题，解决问题不受制于学科，量子思维导向的通识教育强调的不是多学科碰撞和组合，而是不同知识叠加从而超越知识边界诞生新的问题，发现新的解决方案。

近年来，我们课题组围绕量子思维导向的通识教育和创新创业教育开设了一系列课程（如表 1 所示）。其中，在“中国古典文学与现代管理”“创新：方法、科技与商业的碰撞”“创新与创业基础”等课程中进行了较为深入的探索。在“中国古典文学与现代管理”课程中，我们通过《西游记》“发明万物皆成善”入手强调我国管理中“人性本善”的基本假设，通过《三国演义》“话说天下大势，合久必分，分久必合”引出“疫情后的世界是分还是合，人类命运共同体构建的历史趋势与现实挑战”。在“创新：方法、科技与商业的碰撞”“创新与创业基础”等课程中，特别设置和尝试“中华诗词与 TRIZ 发明方法”课程板块，将兼富文学和艺术性质的中华诗词与科技创新方法论性质的 TRIZ 发明方法进行有机融合，通过“化作春泥更护花”到 TRIZ 发明原理“废物利用”，通过“但使龙城飞将在，不教胡马度阴山”到 TRIZ 的嵌套原理，从中医“痛则不通，通则不痛”讲解企业管理中组织流程的基本原则，使学生在跨界中学会思考，在问题面前学会思考并依据个体的知识体系构建了问题逻辑，重要的不是课程叠加而是量子思维下创新创业思维的训练。

表 1　量子思维导向的通识教育和创新创业教育跨学科课程开设列表

序号	课程名称	课程性质	备注
1	“运动、科技与智慧人生”	体育科技类“四动”跨学科课程	国家级一流本科课程；第二届西浦全国教学创新大赛二等奖课程
2	“创新：方法、科技与商业的碰撞”	人文科技方法类“四动”跨学科课程	教育部创新方法教学指导分委员会优质课程、第二届西浦全国教学创新大赛三等奖课程；教育部创新方法教学指导委员会高级课程典型案例
3	“创新与创业基础”	创新创业类“四动”跨学科课程	四川省创新创业教育示范课程
4	“自行车旅行之道”	体育科技类“四动”跨学科课程	西南交通大学一流本科课程
5	“中国古典文学与现代管理”	人文管理类“动脑”“动手”跨学科课程	与某中医馆、脑科学团队合作课程
6	“创新思维与创新方法 TRIZ”	思维方法类“四动”跨学科课程	与台湾“中华”萃思学会合作课程；教育部创新方法教学指导委员会高级课程典型案例
7	“创新方法与应用（TRIZ）”	方法类“四动”跨学科课程	教育部创新方法教学指导委员会中级课程典型案例
8	“移动互联新时代创业新动向”	创业类“动心”“动脚”融合跨学科课程	
9	“公共管理技术与方法”	管理类“动脑”“动手”融合课程	
10	“公共伦理学”	管理类“四动”融合课程	
11	“非营利组织管理”	管理类“动心”“动脑”融合课程	
12	“工程创新方法论”	工程类“动心”“动脑”“动手”“动脚”融合课程	

六、结　论

如何在 VUCA 代背景下开展创新创业教育是我们面临的重要挑战。以量子思维导向强化通识教育改革，大学的创新创业教育恰是将不确定性创新与确定的创业结合，因此量子思维就成为高校创新创业教育的必然选择。在基于量子思维的创新创业教育模式中，创新型学习是从知识到思维、从思维到智力、从智力到行为，从行为到实践创新能力，最后由实践创新能力又回到更高层次新知识的一个周而复始的循环过程。提出问题的能力是我们培养人才的关键。

参考文献

[1] 杜威. 我们怎样思维：经验与教训[M].姜文闵，译. 北京：人民教育出版社，2005：7-11.

[2] P. Robinson, M. Hayes. Entrepreneurship Education in America's Major Universities[J]. Entrepreneurship Theory and Practice, 15（3）：41-52.

[3] 李艳燕. 大学生创新创业教育的方法与路径研究[D]. 温州：温州大学，2016.

[4] 李家华，卢旭东.把创新创业教育融入高校人才培养体系[J].中国高等教育，2010,（12）：9-11.

[5] 刘伟.高校创新创业教育人才培养体系构建的思考[J].教育科学，2011，27（5）：64-67.

[6] 赵珍. 推进创新创业教育 破解大学生就业难题[N]. 山西日报，2016-01-19（C03）.

[7] 杜运周，陈忠卫. 国外创业团队理论研究的新进展及其启示[J].商业经济与管理，2010，1（10）：43-50.

[8] 王游. 我国高校创新创业教育哲学观的思考[J].广东社会科学，2013（1）：112-117.

[9] 孙莉. 通识教育与高校创新创业教育融合研究[J]. 科教文汇，2021,（11）：13-15.

[10] 马永斌，柏喆. 大学创新创业教育的实践模式研究与探索[J].清华大学教育研究，2015,（6）：100-101.
[11] 吴玉剑. 高校创新创业教育改革的困境与路径选择[J].教育探索，2015,（11）：63-66.

学习“茶与中国”，增强文化自信

鲍洪刚

【摘　要】“茶与中国”是面向西南交通大学全校本科生的通识课程。本文阐述了课程思政融入“茶与中国”的指导思想和教学方法，通过学生问卷调查、师生交流了解课程思政的实际效果，根据学生的意见反馈动态调整后续教学，从而实现教学的不断迭代。

【关键词】课程思政；文化自信；茶文化

一、《茶与中国》课程

（一）课程开设背景

近年来，为更好地培养创新拔尖人才，西南交通大学茅以升学院不断探索人才培养新体系、新举措。茅以升学院（以下简称“茅院”）成立于2010年，是以杰出校友茅以升院士命名的学院。茅院贯彻“以学生的成长与发展为中心”的办学理念，以“学习传承茅以升精神、培养当代茅以升”为历史使命，努力构建跨学科人才培养平台，实施通识教育与专业教育相融合的个性化培养。茅以升学院是西南交通大学人才培养模式改革的“特区”，也是教育教学改革的试验基地和书院制教育的试验基地。

2017年，“茶与中国”入选茅以升学院第四批跨学科荣誉课程，自2017—2018学年开始依托茅院面向全校本科生开设。该课程上线后，人气逐年走高，选课机会往往是“秒光”，成为学校广受欢迎的选修课之一。

作者简介：鲍洪刚，西南交通大学校史馆助理研究员。

（二）课程简介

“茶与中国”从中国饮用、种植茶的历史开始，渐次引出茶的传播与贸易、茶与健康、茶文化等内容。中国是世界上最早种植和饮用茶的国家，茶在中华文化中具有重要的地位。自古以来，茶就是中国对外贸易的重要物品，茶叶之路、茶马古道是中国茶叶运往他国的物流通道。如今，茶已成为世界三大饮料之首，成为人类生活和文化不可或缺的组成部分。茶对人类历史有着深刻的影响，茶文化也成为人类文明的硕果之一。本课程内容横跨植物学、历史学、地理学、人类学、医学、文化学、国际贸易等学科领域，通过该课程的学习，有助于学生提升自身的人文素养。

课程教学团队成员来自公共管理学院、校史馆，在茶艺等教学环节，还邀请校外相关专业人士在课堂上演示和交流。

二、课程思政

（一）课程思政的基本概念

课程思政是一种综合教育理念，是指各类课程融入思想政治教育的元素，与思想政治理论课形成协同效应，潜移默化地对学生的思想意识产生影响。

课程思政坚持以德立学、以德施教，注重对学生的世界观、人生观和价值观的教育，积极引导学生树立正确的国家观、民族观、历史观、文化观，为社会培养更多德才兼备的人才。

2016 年 12 月，全国高校思想政治工作会议在北京召开，中共中央总书记、国家主席、中央军委主席习近平出席会议并发表重要讲话。他强调，高校思想政治工作关系高校培养什么样的人、如何培养人以及为谁培养人这个根本问题。要坚持把立德树人作为中心环节，把思想政治工作贯穿教育教学全过程，实现全程育人、全方位育人，努力开创我国高等教育事业发展新局面。

习近平强调，办好我们的高校，必须坚持以马克思主义为指导，全面贯彻党的教育方针。要坚持不懈传播马克思主义科学理论，抓好马克思主义理论教育，为学生一生成长奠定科学的思想基础。要坚持不懈培育和弘扬社会主义核心价值观，引导广大师生做社会主义核心价值观的坚定信仰者、积极传播者、模范践行者。①

2018 年 5 月，习近平总书记在北京大学师生座谈会上指出，抓好马克思主义理论教育，用好课堂教学主渠道，坚守思想政治工作主阵地，其他各门课程和各个岗位也都要守好一段渠、种好责任田，让思想政治教育的影响潜移默化地贯穿渗透到课程和课堂教学中，使各类课程与思想政治理论课同向同行，形成协同育人的合力效应。②

全国高校思想政治工作会议为高校课程思政指明了方向：各门课程都应结合课程内容和特点，融入思想政治教育元素，春风化雨，润物细无声。

（二）文化自信

文化自信是指我们作为中华民族的一分子，应坚守对于中华文化的自信，要看到中华文化的魅力所在，看到中华民族对世界文明的贡献。

2016 年，在庆祝中国共产党成立 95 周年大会上，习近平总书记对文化自信做了阐释，指出“文化自信，是更基础、更广泛、更深厚的自信”③。思想文化是一个国家、一个民族的灵魂，无论哪一个国家、哪一个民族，如果不珍惜自己的思想文化，丢掉了思想文化这个灵魂，这个国家、这个民族是立不起来的。没有文明的继承和发展，没有文化的弘扬和繁荣，就没有中国梦的实现。

中华文化博大精深，能够增强做中国人的骨气和底气，中国特色社会主义文化积淀着中华民族最深沉的精神追求，代表着中华民族独特的精神标识，是激励全党全国各族人民奋勇前进的强大精神力量。④诸如

① 《习近平谈治国理政》第二卷，外文出版社 2017 年版，第 377 页。

② 《习近平总书记教育重要论述讲义》，高等教育出版社 2020 年版，第 129 页。

③ 习近平：《在庆祝中国共产党成立 95 周年大会上的讲话》，《人民日报》2016 年 7 月 2 日，第 2 版。

④ 《习近平新时代中国特色社会主义思想学习纲要》，学习出版社、人民出版社 2019 年版，第 33 页。

“自强不息”的奋斗精神、“革故鼎新”的创新思想、“扶危济困”的公德意识等，一直是中华民族奋发进取的精神动力。“以人为本”的治国理念，“协和万邦”的和平思想，一直是中华民族治国理政的思想渊源。这些千百年传承的理念，已浸润于每个中国人的心中，构成中国人独特的精神世界。中国传统思想文化体现着中华民族千百年来在生产生活中形成和传承的世界观、人生观、价值观、审美观等，其中最核心的内容已经成为中华民族最基本的文化基因。这些最基本的文化基因，是中华民族和中国人民有别于世界上其他民族的独特标识。

我们的文化自信，不仅来自文化的积淀、传承与创新、发展，更来自当代中国的蓬勃发展，来自实现伟大中国梦的光明前景。改革开放40多年来，我们创造了举世瞩目的成就。国家兴旺，文化必然兴盛，中华文化正迎来一个繁荣发展的黄金时期。

三、“茶与中国”课程思政的实践探索

（一）课程分析

通过对“茶与中国”教学内容的梳理，我们找出了若干课程思政的结合点：

1. 神农氏发现茶

“茶之为饮，发乎神农氏。” 相传神农在野外以釜煮水时，刚好有几片叶子飘进锅中，煮好的水，其色微黄，喝入口中生津止渴、提神醒脑，由此开始了中国饮茶的历史。神农氏即炎帝，是中华人文始祖之一。在这一部分，向学生介绍神农氏对中华文明形成做出的贡献。在蒙昧的上古时代，神农氏奋发有为，带领中华先民努力奋斗，奠定了中华文明的基础。“幸福都是奋斗出来的”，神农氏是中华民族“自强不息”精神的代表。生命不息，奋斗不止，神农氏死于尝百草，为人民测试各种植物的药用功能，直到生命的最后一刻。

2. 茶的传播

茶起源于中国，如今是世界各地人民喜爱的饮品。在茶的传播过程中，中国曾向一些国家提供茶种、派出专家指导，让茶走向世界。1812年，中国茶技工到巴西种茶；1888年，制茶大师刘峻周等人赴俄国种茶、制茶；1962年，中国派遣专家赴几内亚、马里指导种茶；1982年，中国派遣专家指导巴基斯坦种茶；1983年，中国向朝鲜提供茶种，朝鲜成为产茶国；1987年，中国专家赴玻利维亚帮助建设茶场……

中国把茶传遍全球，体现出中华民族愿与世界人民共享文明成果的博大胸怀。目前，印度、肯尼亚、斯里兰卡、越南、印度尼西亚等国的茶产量都居于全球前列。

3. 佛教与中华茶文化

佛教来自古印度，传入中国后，逐渐成为中华文化的重要组成部分。佛教为中华茶文化提供了“梵我一如”的哲学思想，提供了“戒、定、慧”的思想内涵。佛教融入中华文化的历史表明，中华文化是开放包容、兼收并蓄的文化，这样的开放包容是建立在强大的文化自信基础之上。中华文化具有强大的生命力和不断自我更新的能力，所以从不担心被其他文明消解、吞噬。中华文明发展史上曾多次遭遇来自北方的游牧民族侵袭，但最终的结果都是相对落后的游牧文明被相对先进的中华文明所同化，演进为中华民族的一部分。

佛教传入中国，经历了本土化的过程，深刻地影响了中国人的精神世界。

（二）课程思政的教学方法

课程思政是课程内容与思想政治教育的有机结合，除了教师的讲授之外，我们还通过讨论、辩论等方式，引导学生自主思考相关问题，在师生交流的过程中统一认识，形成共同的观点。

1. 课堂讨论

我们在课上组织讨论神农氏制造农具、发明乐器、组织市场等功绩。

来自音乐专业的同学向大家介绍古琴的结构、音律特点等，进而阐述古琴对中国音乐传统的深远影响；来自经济学专业的同学介绍了市场、交易对经济生活的影响；来自力学专业的同学分析了神农氏发明农具的力学特性，从现代科学的角度解读了农具对提升农业生产力的重要作用。

通过深入讨论，大家更加深化了对神农氏历史功绩的理解，同学们都为中华祖先的勤奋、智慧感到无比骄傲和自豪。

2. 组织辩论

对于一些同学看法不尽相同的问题，我们精心设计了辩论话题，让大家在辩论的过程中加深对其他人观点的理解。比如在茶的传播过程中，中国政府主动向其他国家派出专家指导茶场建设的做法，同学们有不同的观点。有的同学认为，指导其他国家建设茶场是传播茶和茶文化的举措，体现出中华民族乐于分享的博大胸怀；有的同学则认为，帮助他国种茶不利于保持中国茶产业的优势地位，是为他人作嫁衣。

为此，我们用一节课的时间组织了一场辩论，全班同学根据各自的观点分为两方，每方推选出三名代表阐述己方观点。辩论场面十分火爆，现场掌声、笑声不断，辩论过程中，所有同学都可以改变立场，坐到自己支持的一方去。

我们相信“真理越辩越明”，只有经过充分的沟通交流，才有利于同学们真正理解一个问题。

3. 课堂快测

我们使用“金课坊”微信公众号辅助教学，在课上布置 5～10 分钟的快测，同学们可以在线提交回复。针对“佛教对中华文化的影响”“茶在东亚的传播与中华文化圈的形成”等话题，在教学之前布置 5 分钟快测，从而对同学们的认知有一定的了解。相关内容教学完成后，再次发布 10 分钟快测，了解学生在学习之后相关认识的变化。

教学实践表明，课堂快测是了解学生认知变化的有效手段，便于教师根据学生的情况调整教学内容。

（三）教学效果

通过学校教务系统中的“学生评教”功能，能够了解学生对于教学效果的反馈意见。几年的教学下来，绝大多数学生对于“茶与中国”的教学都很满意，认为选修这一课程既学习了茶文化知识，又受到了社会主义核心价值观的熏染，受益匪浅。

基于与学生充分良好的沟通和互信，我们在课间也会询问学生上课的感受。大部分学生对“茶与中国”的教学予以充分肯定，同时，同学们也向教师提出了提升课堂教学效果的建议。

四、小　结

人文社会科学类课程是课程思政的天然载体，如何精心设计、组织实施课程思政，是我们每一位文科教师在教学中都要面临的问题。做好课程思政，首先要深化对课程思政重大意义的认识，树立贯彻课程思政的使命感，从而自愿自觉地推进课程思政建设。其次，做好课程思政需要精心设计和组织实施。最后，有必要通过技术手段和师生交流获得教学效果的反馈，不断改进教学。

参考文献

[1] 习近平总书记教育重要论述讲义[M]. 北京：高等教育出版社，2020.
[2] 中共中央宣传部. 习近平新时代中国特色社会主义思想学习纲要[M]. 北京：学习出版社、人民出版社，2019.
[3] 习近平. 习近平谈治国理政（第二卷）[M]. 北京：外文出版社，2017.
[4] 习近平. 在庆祝中国共产党成立 95 周年大会上的讲话[N]. 人民日报，2016-07-02（2）.
[5] 薛克翘. 佛教与中国文化，[M]. 北京：昆仑出版社，2006.

体现“两性一度”金课新理念的学生评教问卷设计

孔祥彬　王　瑞　周钰桐　毛家兴　董文韬　龚　晖　雷　雳

【摘　要】学生评教是教学改革和课程质量提升的重要方式，然而现阶段评教工作存在流于形式、学生参与感不强、积极性不高、学生意见没有得到充分反馈等一系列问题。本文基于学生视角，以“两性一度”金课理念为指导思想，构建出一套切实可行的学生评教指标体系；面向7门课程12个教学班共412名学生展开问卷调研，对数据进行可视化分析并使用多元线性回归方法进行量化计算。结果表明，良好的教学氛围、对能力的提升以及学生参与的积极性是影响学生评教得分的重要因素。

【关键词】通识教育；学生评教；金课

资助项目：此文系中国高等教育学会高等教育科学研究规划课题大学素质教育研究重点课题“素质教育通识课程学习自组织教学创新研究”（22SZJY0211）；四川省教育厅、高校思想政治工作队伍培训研修中心（西南交通大学）思想政治教育研究重点课题（高校辅导员专项）（CJSFZ22-01）“以双严传统为内核的学教协同课程育人模式研究”、西南交通大学2021年本科教育教学研究与改革项目子项目“‘大学之道’拔尖课程建设”、西南交通大学2021年课程思政建设项目“‘大学之道’课程思政建设”、2022年西南交通大学科学研究基金（学生工作专项）（XJXG2022-033、XJXG2022-034）、西南交通大学国家级大学生创新创业训练计划（项目编号：202110613074）研究成果。

作者简介：孔祥彬，力学与航空航天学院党委副书记，研究方向：通识教育，网络思政。
王瑞：西南交通大学2020级工程力学专业本科生。
周钰桐：西南交通大学2020级工程力学专业本科生。
毛家兴：西南交通大学2018级软件工程专业本科生。
董文韬：西南交通大学2018级交通运输专业本科生。
龚晖，西南交通大学力学与航空航天学院教授。
雷雳，西南交通大学教务处教学研究科副科长。

一、评教活动的背景与发展

耿晓凤等指出，学生评教工作最早可追溯至20世纪20年代，在美国高等教育界快速展开，并于20世纪80年代引入我国。评教是一种用于检验教学效果和从学生角度来反映教学的方式，受教师、课程以及学生等多方因素影响。其中，学生是授课活动的直接作用对象，学生对课程质量最有发言权，因此学生的意见对课程建设和改革往往更具有参考价值。

2018年6月21日，教育部部长陈宝生在中国高等学校本科教育工作会议上提出了“金课”的概念，并指出“金课”的评价标准“两性一度”，即高阶性、创新性和挑战度。所谓“高阶性”，就是知识能力素质的有机融合，是要培养学生解决复杂问题的综合能力和高级思维；所谓“创新性”，是课程内容反映前沿性和时代性，教学形式呈现先进性和互动性，学习结果具有探究性和个性化；所谓“挑战度”，是指课程有一定难度，需要跳一跳才能够得着，对老师备课和学生课下均有较高要求。

因此，本文在前人研究的基础上，基于高等教育司提出的“两性一度”金课标准，从学生视角出发，聚焦学生关注的问题，在三项基础指标（高阶性、创新性、挑战度）上进行扩展，从而形成一套切实可行的优质选修课评教指标体系，并选取课程案例组织调研。

二、基于学生视角的评教指标体系构建

（一）评教指标体系设计过程

评教指标体系应当由一系列清晰明确可量化的指标组成，指标间应该尽可能相互独立。在此指导思想下，评教指标体系设计如表1所示。

表 1 评教指标体系框架

一级指标	二级指标	概念解释
高阶性	知识因素	课程讲授内容的理解与掌握
	能力因素	运用知识解决实际问题的本领
	素质因素	知识的稳定内化，能力的根本基础
	高级思维	提升解决复杂问题的综合能力和高级思维
创新性	时代性	体现新时代特点和本领域前沿知识
	互动性	教学理念和方法先进，师生有效互动
	个性化	讲求探究式学习个性化，注重因材施教
	教学氛围	课堂上是否形成有利于学习的教学氛围
挑战度	教学目标	学生达到课程教学目标的程度
	精力投入	课程学习中时间精力的投入程度
	难易程度	课程考核（含平时考核和期末考核）的难易程度
	积极性	激发学习积极性和学习效果

在此框架中，总指标（优质选修课的评价目标）首先分解成一级指标（高阶性、创新性、挑战度），再由一级指标分解成二级指标，指标体系以树状结构展现。每个指标都有清晰明确的定义，以便于针对性地设计问题，便于后续组织调研。

（二）评价指标体系问卷设计

本文基于上述评价体系指标，设计从学生视角出发的问卷，使得各项指标在问卷中均得以体现，并在包含所有指标的基础上精简问卷，减少学生参与课程评价阅读量，从而能够回收得到良好的数据。问卷设计如表 2 所示。

表 2　问卷设计

序号	表述	分数
	高阶性	
(1)	请您从知识（课程讲授内容的理解与掌握）增长的角度，为本课程评分	○1 ○2 ○3 ○4 ○5 ○6 ○7 ○8 ○9 ○10
(2)	请您从能力（运用知识解决实际问题的本领）提升的角度，为本课程评分	○1 ○2 ○3 ○4 ○5 ○6 ○7 ○8 ○9 ○10
(3)	请您从素质（知识的稳定内化，能力的根本基础）提高的角度，为本课程评分	○1 ○2 ○3 ○4 ○5 ○6 ○7 ○8 ○9 ○10
(4)	请您从提升解决复杂问题的综合能力和高级思维的角度，为本课程评分	○1 ○2 ○3 ○4 ○5 ○6 ○7 ○8 ○9 ○10
	创新性	
(5)	请您从授课内容的前沿性和时代性的角度，为本门课程评分	○1 ○2 ○3 ○4 ○5 ○6 ○7 ○8 ○9 ○10
(6)	请您从教学形式的先进性和互动性的角度，为本课程评分	○1 ○2 ○3 ○4 ○5 ○6 ○7 ○8 ○9 ○10
(7)	请您从学习过程的探究性和个性化的角度，为本课程评分	○1 ○2 ○3 ○4 ○5 ○6 ○7 ○8 ○9 ○10
(8)	请您从形成有利于学习的总体教学氛围角度，为本课程评分	○1 ○2 ○3 ○4 ○5 ○6 ○7 ○8 ○9 ○10
(9)	请您从达到课程教学目标的难易程度的角度，为本课程评分	○1 ○2 ○3 ○4 ○5 ○6 ○7 ○8 ○9 ○10
(10)	请您从课程学习中时间精力的投入程度的角度，为本课程评分	○1 ○2 ○3 ○4 ○5 ○6 ○7 ○8 ○9 ○10
(11)	请您从课程考核的难易程度的角度，为本课程评分	○1 ○2 ○3 ○4 ○5 ○6 ○7 ○8 ○9 ○10
(12)	请您从由于课程挑战度的设置激发您学习积极性和学习效果的角度，为本课程评分	○1 ○2 ○3 ○4 ○5 ○6 ○7 ○8 ○9 ○10
(13)	您认为该课程是您心目中的“金课”吗？	○1 ○2 ○3 ○4 ○5 ○6 ○7 ○8 ○9 ○10
备注：本问卷采取评分制，设置 10 个分数，10 分为最优。		

（三）评教指标体系数学模型

多元线性回归是常用的统计分析方法，通常用来描述被解释变量 y

和解释变量 x 之间因果关系：

$$\boldsymbol{y}=\dot{\beta}_0+\beta_1 x+\cdots+\beta_k x_k+\boldsymbol{\xi} \tag{1}$$

公式（1）中，x_1、$x_2\cdots x_k$ 为解释变量，y 是被解释变量；β_0、$\beta_1\cdots\beta_k$ 是回归系数；ξ 是随机误差项。

如果对 y 和 x 进行了 n 次观测，得到 n 组观察值式中，可表示成如下矩阵形式：

$$\boldsymbol{y}=\begin{bmatrix} y_1 \\ y_2 \\ \vdots \\ y_n \end{bmatrix},\quad \boldsymbol{X}=\begin{bmatrix} 1 & x_{11} & \cdots & x_{k1} \\ 1 & x_{12} & \cdots & x_{k2} \\ \vdots & \vdots & \ddots & \vdots \\ 1 & x_{1n} & \cdots & x_{kn} \end{bmatrix},\quad \boldsymbol{\beta}=\begin{bmatrix} \beta_1 \\ \beta_2 \\ \vdots \\ \beta_k \end{bmatrix},\quad \boldsymbol{\xi}=\begin{bmatrix} \xi_1 \\ \xi_2 \\ \vdots \\ \xi_n \end{bmatrix} \tag{2}$$

这时模型可以写作：

$$y=X\beta+\xi$$

关于模型的检验，在正态假定下，如果 $\boldsymbol{X}$ 是列满秩的，则普通线性回归模型的参数最小二乘估计为：

$$\hat{\beta}=(x^{\mathrm{T}}x)^{-1}x^{\mathrm{T}}y \tag{3}$$

于是 y 的估计值为：

$$\hat{y}=x\hat{\beta} \tag{4}$$

记残差向量为 $\boldsymbol{e}=\boldsymbol{y}-\hat{y}=\boldsymbol{y}-X\hat{\beta}$，则称随机误差方差 σ^2 的最小二乘估计为：

$$\hat{\sigma}^2=\frac{e^T e}{n-k-1} \tag{5}$$

得到回归模型参数的估计值后，需要对回归方程和回归系数进行显著性检验。

（1）回归方程的显著性检验

原假设 $H_0:\beta_1=\cdots=\beta_k=0$；

备择假设 $H_1:\beta_1,\cdots,\beta_k$ 不全为 0，当假设成立时，检验统计量：

$$F=\frac{SSR/k}{SSE/(n-k-1)}\sim F(k,n-k-1) \tag{6}$$

式中，$SSR=\sum_{i=1}^{n}(\hat{y}_i-\overline{y})^2$ 是回归平方和，$SSE=\sum_{i=1}^{n}(\hat{y}_i-\overline{y})^2$ 是残差平方和。对于给定的显著性水平 α，检验的拒绝域 $F>F_\alpha(k,n-k-1)$。

（2）回归系数的显著性检验

原假设 $H_0:\beta_j=0$；

备择假设 $H_1:\beta_j\neq 0(j=0,1,\cdots,k)$，当假设成立时，检验统计量：

$$F_j=\frac{SSE_j-SSE}{SSE/(n-k-1)}\sim F(1,n-k-1) \tag{7}$$

式中，SSE_j 是去掉 x_j 后的残差平方和。对于给定的显著性水平 α，检验的拒绝域为：

$$F_j>F_\alpha(n-k-1) \tag{8}$$

也可以用检验统计量：

$$t_j=\frac{\hat{\beta}_j}{\hat{\sigma}\sqrt{cjj}}\sim t(n-k-1) \tag{9}$$

式中，c_{jj} 是 $c=(x^Tx)^{-1}$ 对角线上第 $j(j=0,1,\cdots,k)$ 个元素，对于给定的显著性水平 α，检验的拒绝域为 $\left|t_j\right|>t_{\frac{\alpha}{2}}(n-k-1)$。

三、问卷调研及数据处理

（一）问卷调研开展过程

问卷调研采用线上平台，自 2020 年秋季学期始，结束于 2022 年春季学期，共选取 7 门课程 12 个教学班进行调研（课程名称以字母替代），课程详细信息如表 3 所示。

表 3　课程详细信息

序号	课程名称	开课院校	课程类型
1	A	西南交通大学	实践类课程
2	B	西南交通大学	讲授类课程
3	C	西南交通大学	讲授类课程
4	D	西南交通大学	讲授类课程
5	E	西南交通大学	实践类课程
6	F	西南财经大学	讲授类课程
7	G	华南师范大学	实践类课程

（二）问卷数据回收

本次调研共计收回 412 份有效问卷，覆盖所有年级的同学。对结果进行描述性统计：

表 4　数据描述性统计

变量	数学期望	标准差	最小值	中位数	最大值
知识因素	9.08	1.12	3	10	10
能力因素	8.59	1.34	5	9	10
素质因素	8.99	1.18	4	9	10
高级思维	8.33	1.49	3	9	10
时代性	8.92	1.2	5	9	10
互动性	9.38	0.9	5	10	10
个性化	9.1	1.17	2	9	10
教学氛围	9.3	0.99	4	10	10
教学目标	8.95	1.17	1	9	10
精力投入	8.76	1.29	4	9	10
难易程度	8.19	1.55	2	8	10
积极性	8.74	1.37	4	9	10
金课评分	9.35	1.01	5	10	10

对统计结果进行可视化分析，如图 1、2、3 所示。三张图分别反映了高阶性、创新性、挑战度系列指标两两之间的散点拟合关系及变量分布。散点颜色越深，代表其样本数量越多。

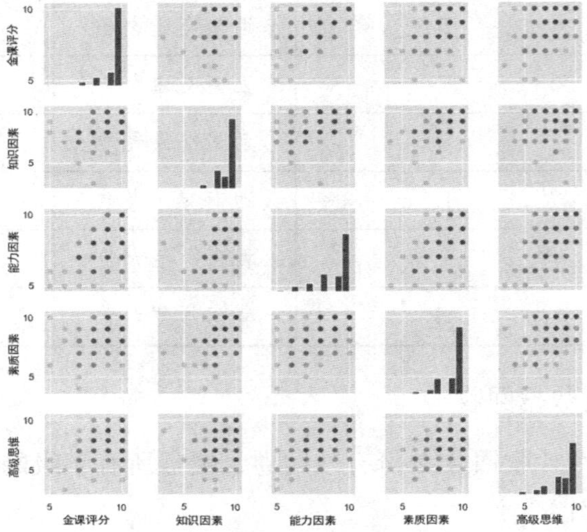

图 1　高阶性系列指标散点及分布关系

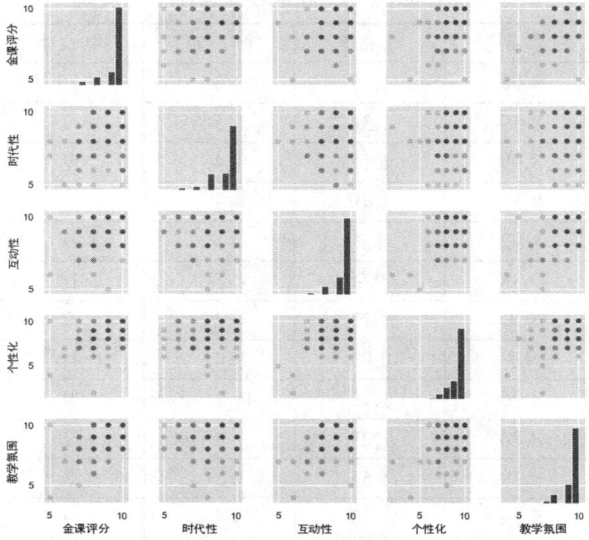

图 2　创新性系列指标散点图及分布图

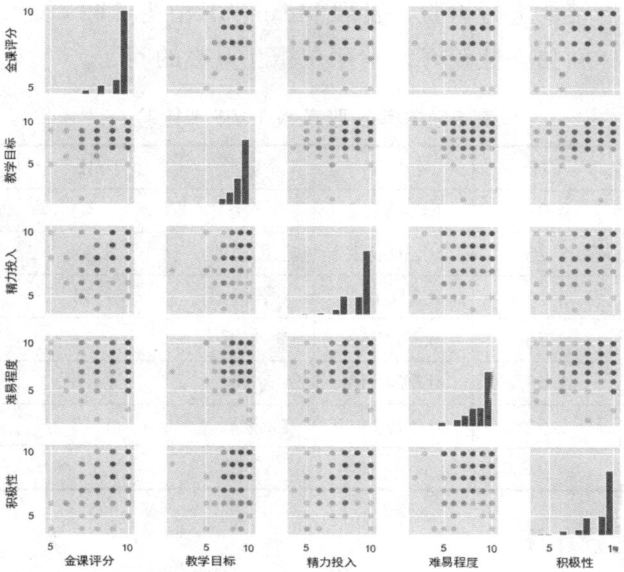

图 3　挑战度系列指标散点图及分布图

参考曹艳梅等的做法，使用 Cronbach 系数对问卷整体及三个组成部分进行信度检验（如表 5 所示）。

其中，Cronbach 系数大于 0.9 时表示高信度，位于 0.8-0.9 时表示良好信度。本问卷整体信度高于 0.9，且各部分问题单独检验结果均大于 0.8，说明具备较好的信度。

表 5　问卷信度检验

检验对象	Cronbach 系数	检验结果
高阶性部分问题	0.8924	可靠
创新性部分问题	0.8355	可靠
挑战度部分问题	0.8032	可靠
问卷整体	0.9324	可靠

对指标体系中各指标进行共线性检验。共线性说明指标设计存在重叠，需要进行修正；方差膨胀系数（VIF）是用来度量共线性的指标，

对本问卷调查结果进行检验，发现 Mean VIF 值为 2.63<10，检验通过，即证明各指标间独立性较好，不存在相互重叠的问题。

表 6　方差膨胀系数（VIF）检验

变量	VIF	1/VIF	变量	VIF	1/VIF
能力因素	4.08	0.245362	个性化	2.42	0.412624
素质因素	3.25	0.30802	互动性	2.38	0.419353
高级思维	3.16	0.316141	积极性	2.33	0.429207
知识因素	2.76	0.362753	教学目标	2.31	0.432051
教学氛围	2.67	0.374033	时代性	2.16	0.462836
精力投入	2.52	0.397351	难易程度	1.47	0.679404
Mean VIF	2.63				

（三）评分计算

对 12 个教学班高阶性得分、创新性得分、挑战度得分、客观综合得分（加总平均分）及学生主观评分进行统计，汇总如表 7 所示。

表 7　评分计算

教学班	高阶性得分	创新性得分	挑战度得分	客观综合得分	同学主观评分
Ⅰ	9.791	9.805	9.625	9.740	9.944
Ⅱ	9.625	9.688	9.594	9.635	9.750
Ⅲ	9.351	9.473	9.229	9.351	9.702
Ⅳ	9.418	9.668	9.158	9.415	9.673
Ⅴ	9.313	9.500	9.321	9.378	9.571
Ⅵ	9.055	9.510	9.035	9.200	9.520
Ⅶ	9.125	9.156	9.063	9.115	9.500
Ⅷ	8.989	9.323	9.009	9.107	9.487
Ⅸ	8.953	8.930	9.000	8.961	9.468
Ⅹ	9.167	9.750	9.056	9.324	9.444
Ⅺ	8.773	9.227	8.523	8.841	9.409
Ⅻ	8.964	9.238	9.024	9.075	9.380

（四）回归分析

刘忠铁等指出，目前已形成多种具备数理支撑的学生评教方法，其中使用较多的有回归分析法、层次分析法、因子分析法和模糊评价法。本文使用多元线性回归方法，以 12 项二级指标为解释变量，以同学主观金课评分为被解释变量，展开回归分析。回归系数如表 8 所示，结果检验如表 9 所示。

表 8　多元线性回归结果

金课评分	Coef.	Std. Err.	t	P>t	95% Conf.	Interval
知识因素	0.1081711	0.0439502	2.46	0.014	0.0217683	0.194574
能力因素	0.1696431	0.0422372	4.02	0	0.0866077	0.2526784
素质因素	−0.0799176	0.0448403	−1.78	0.075	−0.1680704	0.0082352
高级思维	−0.019329	0.0329837	−0.59	0.558	−0.0841724	0.0455145
时代性	0.0859903	0.0356575	2.41	0.016	0.0158901	0.1560904
互动性	0.0621644	0.0521433	1.19	0.234	−0.0403457	0.1646744
个性化	0.0450695	0.0396831	1.14	0.257	−0.0329445	0.1230835
教学氛围	0.2868285	0.0499735	5.74	0	0.1885842	0.3850728
教学目标	0.0321212	0.0377421	0.85	0.395	−0.0420771	0.1063194
精力投入	0.0300349	0.0353948	0.85	0.397	−0.0395488	0.0996186
难易程度	−0.0314324	0.0213324	−1.47	0.141	−0.0733704	0.0105056
积极性	0.1352717	0.0323373	4.18	0	0.0716989	0.1988445
_cons	1.84486	0.3650796	5.05	0	1.12714	2.56258

表 9　回归结果检验

Number of obs	F（12，399）	Prob > F	R-squared	Adj R-squared	Root MSE
412	56.8	0	0.6308	0.6197	0.54741

四、分析及结论

回归结果中，知识因素、能力因素、素质因素、时代性、教学氛围和积极性六项指标具备显著性，说明该六项指标对于同学主观评分具备潜在影响。首先对回归系数的符号进行分析，除素质因素外，其余五项系数均为正。这表明，相较于素质提升这种长期影响，同学们更看重知识的获取及能力的提升，这与学生的思维方式相吻合。

其次对回归系数绝对值进行分析：所有显著的指标中，教学氛围的系数最大，这表明良好的课堂体验是提升同学好感的最重要因素，教学改革可以此为切入点；其次是能力因素，这表明同学们具备较强的学习意愿，希望通过课程得到能力上的锻炼；排在第三位的是积极性的调动，兴趣是最好的老师，能够调动同学们的积极性对于课程质量的提升具备重要价值。

综上所述，本文构建了基于学生视角和两性一度金课理念的学生教评指标体系，选取课程案例进行问卷调研，得出教学氛围、能力因素与积极性是课程质量最为关键的三个因素。同时使用多元线性回归方法对因素的相对重要程度进行分析，为教评工作的开展提供新的思路。后续研究可以在本文工作的基础上，对评教指标体系进行进一步丰富完善，并尝试推广。

参考文献

[1] 刘忠轶，于洪鉴. 高校学生评教的实证研究[J]. 中国大学教学，2021（8）：51-56.

[2] 耿晓凤，张春慧. 高校学生评教量表现状及评教影响因素分析[J]. 大学教育，2021（8）：196-198.

[3] 任洪，方欣懿. 基于“以学生为中心”的高校学生评教指标改进策略研究[J]. 科学咨询（科技・管理），2021（11）：90-92.

[4] 张奕辰，刘可鸣. 五所世界一流高校本科学生评教机构建设及其启

示——基于新制度主义的视角[J].上海教育评估研究，2021，10（5）：25-29.
[5]马凤仓，杨丽红．学生视野中的高校学生评教——基于上海XX大学调研数据的实证分析[J]．上海理工大学学报（社会科学版）2017，39（4）：383-387.
[6]王旭．制度分析视角下学生评教行为偏差影响因素分析[J]．中阿科技论坛（中英文），2021（9）：141-144.
[7]曹艳梅，贾影，董俊，冯国臣，范玲．本科生学习性投入研究及对一流课程建设的启发——基于北京交通大学的实证研究[J]．教学研究，2021，44（6）：34-40.

基于 SECI 模型“医疗仪器与人类健康”通识课程教学设计

常向荣　邓维礼　屈树新　涂秋芬　熊开琴

【摘　要】基于 SECI 模型理论进行分阶段多样化教学活动设计，对“医疗仪器与人类健康”课程构建了创始场、对话场、系统场、实践场。整个教学活动注重以学生为中心，充分调动学生学习积极性，激发学生内在的隐性知识到显性知识再到隐性知识的螺旋转化，通过小组课堂讨论和小组讨论，实现了知识的转化与吸收，同时锻炼了管理、组织、表达能力。

【关键词】通识教育；SECI 模型；教学设计

通识教育是高等教育的重要组成部分，其目的在于培养积极参与社会生活的、有社会责任感的、全面发展的社会的人和国家的公民。其中，医疗健康关系到人民群众的身体健康和生老病死，与人民群众切

基金项目：西南交通大学 2022 年本科教育教学研究与改革重点培育项目“‘双一流’背景下生医大学生个性化发展的本科教学新模式的构建”（编号：20220406）；西南交通大学 2020 年本科教育教学研究与改革项目（20201021）。

作者简介：常向荣，西南交通大学材料科学与工程学院讲师；主要研究方向：生物医学工程。
邓维礼，西南交通大学材料科学与工程学院副教授，硕士生导师；主要研究方向：纳米功能材料及柔性可穿戴电子。
屈树新，西南交通大学材料科学与工程学院教授，博士研究生导师；主要研究方向：生物材料、3D 打印、生物摩擦。
涂秋芬，西南交通大学材料科学与工程学院副教授，硕士生导师；主要研究方向：生物材料表界面、血液接触类器械研发、氢分子医学。
熊开琴，西南交通大学材料科学与工程学院，工程师；主要研究方向：生物材料表面改性。

身利益密切相关，是社会高度关注的热点，是通识教育中不可或缺的重要组成部分。围绕该专题，西南交通大学生物医学工程系面向全校开设了通识课程“医疗仪器与人类健康”，从生命科学的角度讲述现代科学技术对医疗与人类的影响，旨在引导学生自觉维护身心健康，培养学生的“健商”指数和人文情怀，为在大学生群体落实“健康中国”的国家战略做好铺垫。

一、“医疗仪器与人类健康”通识课程教学目标

时代发展对通识课程提出了新的要求，主要体现在，通识教育今天不单单是一种人文主义教育，一个能够“智慧地生活”的人离不开自然科学素养。2016 年 3 月，美国哈佛大学通识课程体系、新通识教育改革体现了“从知识导向到生活导向”的理念嬗变，力图寻求自由教育与实用主义教育的平衡点。

明确定位，目标引领课程。医疗仪器与人类健康通识课程教学目标主要从以下几个方面：① 通过医疗健康基本知识学习，培养学生的健商；② 基于西南交通大学心血管支架等医疗器械产品研发上市过程，阐述从医疗器械研发到应用，培养学生的科学素养和创新创业精神；③ 通过心电图、脉搏、血压、血氧饱和度、肌电图测量实践操作，让学生具备获取医学信息的能力，从而探索可穿戴产品应用发展；④ 从医疗器械注册监管，学习如何控制风险，造福人类，以及如何进行医疗器械的注册；⑤ 深入社区公益服务，发现医疗仪器与人类健康应用领域。通过课程学习，培养大学职业责任感、公民责任感，实现人文知识、科学素养、社会联系三方面的统一。

二、基于 SECI 模式的课程教学改革措施

（一）知识转化 SECI 模式

SECI（socialization，externalization，combination，internalization）

模型是 20 世纪末期，野中郁次郎和竹内弘高在《创新求胜》中提出的知识集成模型，随着教育者对知识集成的研究，将 SECI 企业知识创新移植到教育教学中，成为教师培养创新型人才、创造新的教学场域的重要理论基础。SECI 模型重点强调三组概念和三个基本观点，三组概念分别是两种知识，四种知识转化模式和四种知识转化场。两种知识类型：隐性知识和显性知识；四种知识转化基本模式：社会化（Socialization）、外显化（Externalization）、融合化（Combination）和内隐化（Internalization）；四种知识场：创始场（Originating Ba）、对话场（Internalization Ba）、系统场（Systemizing Ba）、实践场（Exercising Ba）。三个基本观点可以概括为：知识转化论、社交创造论、螺旋上升论。完成一个动态交互——知识转移。

经过有效教学组织，完成知识有效转化，将数据、科学公式、规范、手册等形式的显性知识转化为高度个人化的、主观的洞察力和预感的隐性知识，即科学素养，亦是本通识课程的主要教学目标。

（二）基于 SECI 模式的课程教学改革措施

现以医学参数测量和可穿戴产品模块为例设计教学环节，充分考虑学生已有的专业背景，将不同专业学生交叉分组展开教学活动，课堂教学如图 1 所示，以不同的场进行教学活动，完成知识的转化。

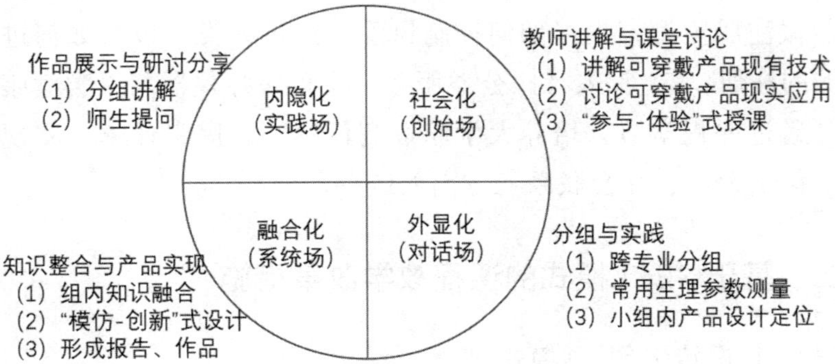

图 1　课程教学架构设计

1. 跨专业分组

在学情方面，该课程选课面向全校不限专业。通过跨专业分组，综合考虑学生知识结构、拓展知识面、培养创新思维能力与创新精神的培养，并能让学生从各自领域出发培养其对生命科学的兴趣，使学生认识多学科知识交叉的重要性，并能综合利用已经掌握的知识辩证地分析问题，以利于其成长为高层次跨学科人才。医疗器械本身就是学科交叉的产物，通过跨学科分组能够更好地产生知识碰撞。

2. 课堂互动统计与小组长产生

在创始场阶段，教师利用雨课堂 App 或 QQ 群进行在线讨论，如进行血氧饱和度测量的光电效应、朗伯-比尔定律、氧合血红蛋白等基础知识的考查。在课堂上抛出问题，开启头脑风暴进行问题探讨。激发学生已有的隐性知识。图 2 为一次课堂学生回答问题统计。课堂人数为 80 人，统计学生互动情况，平均在 25.4 条互动记录，主要分布在 20 ~ 30 区间。说明学生能跟随教师题目，产生对问题的思考，并能主动表达自己对问题的看法。

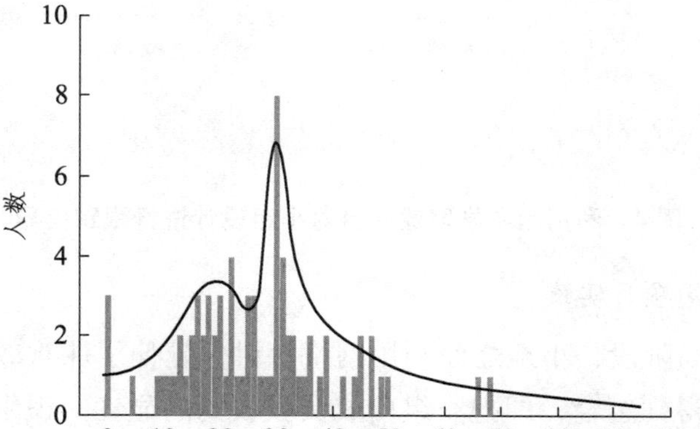

图 2　通过 QQ 统计学生课堂互动次数

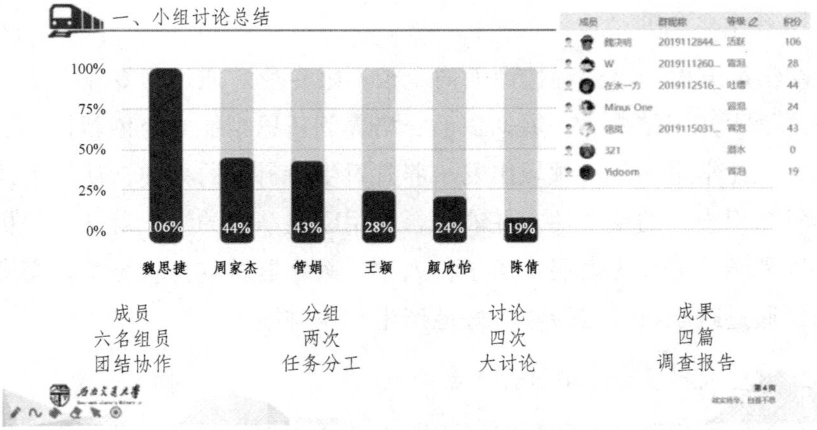

图 3　小组内成员分工合作统计（学生汇报 PPT）

通过创始场课堂讨论统计，任命课堂回答问题踊跃的同学担任小组长。小组长在整个项目学习中起到了关键作用，在系统场阶段，通过线上资源，组织小组讨论、问题探讨、云会议总结等，起到了火车头精神，保证了高效完成项目合作。图 3 为小组汇报。图 4 是利用超星学习通平台，对小组讨论进行跟踪指导。

图 4　利用超星学习通平台对小组设计进行跟踪指导

3. 系统场项目实践

在系统场阶段，小组之间利用网络探讨，延伸了课堂教学。在这个阶段，知识得到融合，即把小组内成员吸收到的显性知识组合，形成更复杂、更系统的显性知识体系的过程。通过创始场和融合场的外化，我们可以获取到零碎的知识，如果要把它应用起来，还需要把知识升华，比如小组利用手机手电筒功能进行脉搏检测；设计一天内喝水运动参数监测 App；利用脉搏渡越时间设计血压测量系统等。

三、教学效果与评价

（一）作品展示与研讨分享

利用 SECI 模型，构建以学生为中心的授课模式。充分调动学生学习积极性，最终呈现出很多优秀的作品。小组作品展示形式不限。例如：① 医疗健康问卷调查与分析：急救知识调查与 AED 使用、疫情期间学生运动模式调查；② 产品制作与展示：脉搏检测 App、健康监测 App、血压测量、智能尿不湿、防摔拖鞋、老年防摔腰带；③ 公众号建立与推送等。

（二）学生考核

课堂教学采用“互联网+”技术方法，对学生学习全过程数据化统计，准确掌握课堂教学效果；课程授课采用雨课堂 App，将课堂在线考勤、互动答题、课堂讨论、过程评价等数据统计为个人得分。考虑每个小组作品得分，最终个人得分+小组作品评分为每位学生的成绩。

四、结　语

课改中利用 SECI 模型，构建以学生为中心的授课模式，遵循知识转化规律，通过课堂讨论、小组设计，实现隐性知识与显性知识的转化，最终得到知识螺旋上升。课程实践加强了学生交流与沟通，作品展示提高了学生成就感，成绩考评多样化，有力调动了学生学习积极性。医疗仪器与人类健康通识课程的宗旨就是培养学生的良好科学素养、独立思考能力、表达沟通技巧以及终身学习能力。

参考文献

[1] 李言荣. 通识教育须坚持问题导向和未来导向[N]. 中国科学报，

2021-07-13（005）.
[2] 李曼丽，汪永铨. 关于“通识教育”概念内涵的讨论[J]. 清华大学教育研究，1999（1）：99-104.
[3] 曹阳，张霞，高捷，等. 通识教育中生命科学素养教育初探[J]. 高校生物学教学研究，2011，1（1）：16-20.
[4] 张智敏.“健康中国”背景下大学生健康教育课程模块化建设研究[J]. 体育师友，2021，44（2）：21-23.
[5] 王焱. 从知识导向到生活导向：哈佛大学新一轮通识教育改革的理念嬗变[J]. 广东外语外贸大学学报，2018，29（5）：133-138.
[6] GUO XIAOPENG, XUE YANMIN. The Professional Education Ecosystem of Industrial Design at Georgia Institute of Technology Based on SECI Model [J]. E3S Web of Conferences 179，2020.
[7] 谢昌醒，张强. SECI 理论视角下教学过程中教师场域的构建[J].教学与管理，2020（15）：18-20.
[8] 王帅国. 雨课堂：移动互联网与大数据背景下的智慧教学工具[J].现代教育技术，2017，27（5）：26-32.

人文通识课的改革实践与探索

——以国家级一流课程“西方现代化视野下的英美文学”为例

李成坚　贾　蕃

【摘　要】人文通识教育是国内外高等教育探讨的热点话题之一，而课程建设则是人文通识教育实施的重要路径。本文在剖析人文通识教育内涵的基础上，探讨了人文通识课程建设的重要意义。以国家级一流课程“西方现代化视野下的英美文学”为例，阐释人文内涵与思政意义。最后，本文基于该课程探讨了线上线下混合式教学模式改革的路径与方法，以期为同类课程建设提供方法参照。

【关键词】人文通识教育；课程建设；英美文学

一、人文通识教育

人文通识教育是国内外高等教育探讨的一个重要话题，它既是高等教育的一种培养理念，也是一种人才培养模式。在美国，人文通识教育是其高等教育在历史发展中将西欧的自由教育与美国的本土实践相结合而产生的一种高等教育思想和实践（杨叔子、余东升 2007）。我国的人文通识教育发展与新中国成立后的发展密不可分。中华人民共和国成立

项目基金：西南交通大学 2022 年校级本科教育教学研究与改革项目“新时代外语教育教学综合改革研究与实践”和“外语课程思政与三全育人体系构思与实践”；四川外国语言文学研究中心项目“课堂生态视域下大学英语课程思政体系改革与实践研究”（SCWYGJ20-11）成果。

作者简介：李成坚，西南交通大学外国语学院院长、教授、博士生导师。
贾蕃，西南交通大学外国语学院院长助理、副教授、硕士生导师（通讯作者）。

初期，出于社会主义经济建设的考量，高等教育偏重理工科的发展，大学生对人文素养的重视程度不够，导致学生侧重对科学技术知识的理解和掌握，一定程度上忽略了人文素养，尤其是伦理、道德、价值观的学习。因此，改革开放之后，相关学者与教育管理部门呼吁加强大学生的人文通识教育。

（一）人文通识教育的内涵与目的

人文通知教育由“人文”和“通识”两个关键概念构成。人文教育重在强调培养人文精神，提升人的道德、伦理、情感、态度、精神、价值观的教育。而通识中的“通”与通才的“通”内涵有所区别。前者指贯通的“通”，而后者为“什么都知道”。通识教育侧重将不同学科的知识相互通融，使学生在遇到问题时能够从跨学科的视角进行反思、分析，以达到沟通不同文化、不同专业的效果。

在人文通识教育模式下，学生需要综合、全面、批判性地了解人文社会科学主要知识领域的基本观点、思维方式、操作方法、发展脉络，以融会贯通的学习方式，了解背后的哲学思想、方法论问题以及科学探究的精神，以形成宽厚、扎实的人文知识内涵结构，认知和分析当代社会的重要课题，全面提升人格素养，拓展国际视野。

陈向明（2006）认为，人文通识教育模式下培养出来的学生不仅学有专长、术有专攻，而且在智力、身心和品格各方面能协调而全面地发展；不仅具有高尚的道德情操、独立思考、善于探究和解决问题的能力，而且能够主动、有效地参与社会公共事务，成为具有社会责任感的公民。

（二）人文通识课程建设

课程建设是人文通识教育实施的重要路径。“教育部关于一流本科课程建设实施意见”的颁布正是为了推动高校课程体系的优化，破除课程“千校一面”的困局，淘汰“水课”，为课程建设立起新的标杆。人文通识教育强调打破学科壁垒，贯通中西、融汇古今。作为通识教育重要构成内容的人文通识教育，其核心是立人，即“塑造人的心灵”。在人文素养培育的基础上，它更加强调外向的国际化视野和内向的民族意识与情怀。

根据《国家中长期教育改革和发展规划纲要（2010—2020年）》，中国大学的国际化以培养国际化人才和提升学校国际化水平为目标。当今和未来的国际竞争归根结底是人才的竞争。全球化的发展加速了对国际化人才的强烈需求，同时造成了世界性的人才短缺和人才争夺白热化。为此，世界各国正在积极探索和实施国际化人才的培养机制。能否培养出高素质的国际化人才，是我国高等教育能否跻身世界大学之林，赢得未来国际竞争的关键之一。

西南交通大学外国语学院构建的人文通识课程意在响应"一带一路"倡议，体现校本需求和特色，建设以外语学科为核心学理支撑的体系化课程模块，以期拓展学生的国际化视野，培养良好的人文素养和爱国主义情操，提升跨文化沟通能力和国际化就业能力。课程群包含如下四类：

第一，全球视野与国际化知识构建课程模块。该模块包括"全球化与中国文化""英美历史与文化""欧洲文化概论""欧盟与全球治理""欧洲经济治理""德国文化导论"6门课程，聚焦全球化进程、区域（国别）文化特征和重要国际组织机构，着力提升学生全球化理论素养和区域性国际化知识结构的完善。

第二，国际惯例与跨文化沟通能力培养课程模块。该模块包括"外交外事礼仪与文化""跨文化交际与人格修养""交际与文化视听说""职场英语"4门课程，旨在使大学生熟悉国际惯例，具备跨文化沟通能力和国际环境工作能力。

第三，开放意识与本土意识养成课程模块。本模块设有"西方现代化视野下的英美文学""英国社会进程与英语沿革""中西文化对比"和"汉英对照国学经典选读"4门课程，旨在从社会、历史和文化的维度，以比较的方法，培养学生由他及己的文化反思能力，客观看待西方的成就与问题，脱离迷信盲从，以鲜明的本土意识，增强民族文化认同感。

第四，国际化就业能力拓展模块。该模块设有"工程英语阅读""国际工程招投标英语翻译""国际商务谈判"和"FIDIC合同条款解读与应用"4门课程。该模块作为上述3类模块的延展，与跨文化类通识课程构成有机整体，旨在培养学生在轨道交通行业领域的国际化就业能力。

西南交通大学外国语学院构建的人文通识课程具有如下特色：

第一，人文通识课程体系特色与突破。人文通识课程由培养目标明确、区分度明晰的 4 个课程模块组成，构建我校人文通识课程完备体系。体系化的课程以“区域”“国情”“跨文化”“中西”等为核心理念贯穿始终，服务国家“一带一路”发展大局，体现本成果的认识高度和价值论。

第二，外语的人文价值凸显。人文通识课程以深度的国情讲解、区域与外来文化的历史关联、区域对中国文化的接受与态度，有助于拓展大学生的国际化视野，确保顺畅的跨文化沟通，增强大学生民族文化意识和民族情怀。人文通识课程体系化建设彰显外语学科的人文属性，纠正外语纯粹工具性的误区意识。

第三，人文通识课程建设研究领域的突破。目前国内的教学研究多囿于信息化环境下多模态教学方式的探讨，因此，课程基于人文通识课程建设体系建设和实践，有效拓展和深化该领域研究的广度和深度。

（三）人文通识课程的意义

人文通识课程建设，旨在以特色化、高品质的体系化、人文性的通识课程建设为抓手，培养具备国际视野、通融识见、博雅精神的复合人才。因此，人文通识课程的建设具有理论和实践层面的双重意义：

理论层面，该课程的建设有助于开展人文通识教育和外语教育相结合的研究。作为异域文化和思想载体的外语，其通识教育功能正逐渐引起人们的重视。跨文化通识课程建设研究可有效地将外语教学改革从对结构框架的关注转移到对内容设计的关注，可促进外语教学向外语教育转变的研究。

从实践层面看，构建体系化的人文通识课程，践行国际化人才培养目标，实施全人教育，凸显人才能力培养中的跨文化沟通能力；建设具有西南交大特色的跨文化通识课程体系，提供优质人文通识课程系列，有效服务于学校高铁建设的战略思想和特色化人才培养。

二、“西方现代化视野下的英美文学”课程的人文内涵与思政意义

（一）课程简介

“西方现代化视野下的英美文学”以通识教育的形式，引导学习者透过西方现代化发展历程的历史关照，以中西比照的视野，认识和理解中国现代化发展的阶段和进程。在民族意识教育下，强调学习者应担负的时代使命（李成坚、孙颖 2020）。课程目标包括：

第一，帮助学生了解西方现代化历史进程。以英美文学为例证，把握文艺复兴和启蒙运动时期的科学和理性崇尚、工业时代的生态失衡和环境问题、物化社会的消费主义和异化现象，以及科技人文反思等。

第二，培养学生的逻辑思维和思辨能力。通过文学文本的例证分析和思想史的文化启思，引导学生分析和探究问题，强调跨文化举证能力和思辨能力培养。

第三，增强学生的文化自信和时代责任感。对比中、西现代化发展历史与进程，引导学生正确理解中国现代化发展的巨大成就，激发学生民族自豪感，践行思政教育。

（二）“西方现代化视野下的英美文学”的人文内涵

英美文学鲜活地再现了西方人在近三百多年现代化历史进程中的种种社会现象：人与自然的对立、生态环境的破坏和失衡、物化社会对人性的扭曲等，以及西方人对科技伦理等方面深刻的人文反思。因此，“西方现代化视野下的英美文学”这门人文通识课程希望对西方社会发展进程中出现的问题进行梳理和分析，启思中国当代大学生正确认识和看待中国现代化发展的阶段和进程。在不妄自菲薄的民族意识教育下，强调大学生应担负的时代使命。

为达成以上目的，课程以 18 世纪为历史观照起点，在英国工业革命以降的西方现代化进程的历史文化语境中，遴选英美经典文学文本为品

读和启思对象，展开“科技与社会”“生态与环境”“工业与城镇化趋势”“物化社会”“科技与伦理”等核心专题，在揭示英美文学作品中折射出的西方对于自然生态、物质财富、科学技术的历史认识和人文态度的同时，围绕西方工业化历史进程中出现的诸多社会问题，反观中国的现代化进程，进行中西现代化进程的潜在比较，以助学生国际性视野的形成以及举证能力和思辨能力的培养。尹晶（2021）认为，经典阅读已成为人文通识教育的重要路径。因此，课程以西方经典文学文本为例证，回溯西方现代化的历史发展轨迹，揭示西方现代化进程中的种种社会问题，以助学习者从历史的维度、比较的方法理解中国的现代化发展成就。

（三）“西方现代化视野下的英美文学”的思政路径与意义

“文明交流互鉴，是推动人类文明进步和世界和平发展的重要动力。”习近平总书记的这一论述为本课程的课程思政提供了坚实的理论基础与建设路径。王卓（2020）指出，课程思政对课程“精神向度”的关注赋予了英美文学类课程新的维度和附加值，尤其是从传授文学知识向挖掘文学精神价值转化。余睿、朱晓映（2021）则认为，外国文学类课程应当坚持“立德树人”的根本任务，以文本细读和论文写作为主要途径，实现价值引领、文学知识素养、语言能力三者的有机融合。

本课程设定的态度目标即是在社会主义核心价值观的引导下，对比中西现代化发展历史与进程，引导学生正确理解中国现代化发展的巨大成就，激发学生民族自豪感，践行思政教育。主要体现在以下两点：

第一，坚持中西比照，兼顾国际视野和本土情怀。以“自然与生态”单元为例，该单元将引导学生通过阅读英国现实主义小说家狄更斯名作《雾都孤儿》（节选）及英国诗人布莱克的诗篇《扫烟囱的孩子》文学文本中的历史景象，反观英国 18—19 世纪工业革命以来的工业化历史进程，以及这一进程中出现的环境污染问题。在达成了这一知识目标后，学生不仅将通过拓展阅读和深化研究“19 世纪末以来的英国环境治理”，培养分析和探究问题的能力，更将通过将英国 19 世纪环境问题之殇与我国十九大报告中提出的“坚持人与自然和谐共生”“树立和践行绿水青山就是金山银山”发展理念并置对照，彰显中国特色社会主义制度与时俱进的完善与发展，树立制度自信，坚定中国道路。

第二，融入社会主义核心价值观，通过英美文学例证实现思政教育与知识体系教育有机统一，树牢学生时代使命意识。在“物化社会”单元，劳伦斯的《查泰莱夫人的情人》（节选）与狄更斯的《董贝父子》（节选）将揭示工业社会商业至上、技术合理的论调如何将人降格为单向度的物质之人、工具之人，丧失了人性的温情。通过对“人把人作为工具”这一观点的讨论，引导大学生重温中华民族千百年传承的道德传统——友善，强调人与人之间的相互尊重、关心和帮助，从“同则相亲，异则相敬”的传统美德发展构建社会主义平等团结、同舟共济的人际关系。

三、“西方现代化视野下的英美文学”课程的教学模式改革

（一）课程解决的问题与措施

传统的英美文学课程以知识传授为主，较少利用线上教学资源优势，课程内容的广度与深度受限，直接影响了课程质量。另外，面临总学时压缩、学生学习动力不足等是高校人文通识课普遍存在的问题。除此之外，基于大平台和大规模的人文通识课程教学给思政教育带来挑战和机遇。基于教学对象宽广度的特点，加强日常教学管理，实现意识形态和言论的有效引导和把控，于混合式教学的教育工作者而言是挑战和考验。为了解决上述问题，课程团队采取了以下措施：

第一，成立教学团队，完成课程基本资源建设。打破文科长期单兵作战的授课方式，集中学院的优秀教师组建教学团队，共同学习新的教学理念、教学方式。在课程教学设计上，以问题为导向思考了大多数通识课面临的主要问题：首先是学生学习动力不足致使的课堂效度低下；其次是以教师为中心的知识传授教学模式导致学习缺乏深度。这些状况意味着课程无法将知识与能力素质有机融合，进而实现帮助学生提高人文素养、培养公共精神的设定目标。由此，通过研究和讨论，课程采用了课前知识学习、课内知识运用深化，线上和线下相结合的混合教学模式，课程总学时为 32 学时，其中线上 16 学时，线下 16 学时，全力打造

以学生为中心、具有“高阶性”“创新性”和“挑战度”的研讨式课堂，以此为指导教学团队制定了课程大纲，搭构了教案框架。

第二，网络课程上线，混合式课堂教学落地。2017年，依托中国慕课网的网络平台，正式启动了线上线下、课前课内课后无缝衔接，知识、能力、价值观逐层进阶的混合式课堂教学模式。2017年到2020年4年间，面向全校持续展开混合式课堂教学，选课学生累计达2000余人。在中国慕课网平台连续展开7轮教学，线上选课人数累计超过20 000人，选课者来自国内168所高校和7所国外大学，在国内外形成较大的影响力。此外，本课程还被国内部分高校列入学分认定的慕课目录中。

第三，围绕课堂思政完善教学设计，建设配套教学资源。从2016年全国思政工作会到2018年全国教学大会，“课程思政”成为课程模式改革的另一个关键词。通过对比中西现代化发展历史与进程，引导学生正确理解中国现代化发展的巨大成就，激发学生民族自豪感，践行思政教育从课程设计之初就是课程追求的最高目标。因此，在第二个建设阶段，教学团队围绕课堂思政进一步完善了教学设计，修订了6个单元的教学教案。其中第二章“自然与环境”的教学设计入选外国语学院2020年“立德树人”课程思政优秀教学案例。课程思政元素也有机融合到课程配套教材“英美文学与西方现代化进程”的编撰之中，并于2020年1月于中国人民大学出版社出版。

第四，项目推进、同行研讨，深化混合式教学改革、推动教师成长。教学团队积极通过项目申报、交流研讨推进混合式教学改革。2019年5月校级本科教改项目“国家精品在线开放课程‘西方现代化视野下的英美文学’学生学习效度测评与‘金课’建设探索”成功立项，并于2020年顺利结项。2020年3月校级本科教改项目“基于外语‘金慕课’建设的混合式教学模式研究与实践”子项目立项。2020年10月，团队老师参加第九届中国英语教学国际研讨会，进行题为《基于MOOC的混合式教学优秀案例》的小组发言。教学团队从混合式教学模式的学习效度、课堂组织、虚拟学习生态等多角度、多层次开展教学研究，深化混合式教学改革。在这个过程中，团队成员得到锻炼，成长迅速。

（二）教学模式改革

课程采用线上线下混合式教学，遴选英美经典文学文本，围绕 6 大专题揭示西方现代化进程中出现的社会问题，启思中国当代大学生正确认识中国现代化发展阶段和成就。其中，线上教学 16 学时，学生自由选择学习时间和地点，按时完成学习任务和单元检测。在讨论区进行师生、生生互动与答疑。线下课堂面授 32 学时，采用“问题驱动研讨”方法，展开研讨式教学，推动学生从知识掌握到举证、分析、运用、价值判断的不断深入。

另外，教学团队创建了丰富的多模态教学资源。线上资源涵盖 6 个主题，包含 61 个视频（15～25 分钟/个），12 个文学选段文本，以及 6 套单元测试题（10～15 题/套）。另外，线下资源为出版的课程配套教材《英美文学与西方现代化进程》，建设 6 个主题的 PPT 配套教学材料以及课程试题库 5 套。

课程采用形成性评估和终结性评估相结合的评定方式。课前线上单元测试（30%），电脑计分，检测视频学习知识点；课中开展主题讨论、辩论和小组展示（30%），鼓励同学互评，考察运用知识解决问题的能力；课后在线上讨论区互动（奖励分），旨在提升思辨能力；期末进行命题课程论文（40%），教师阅卷，考察综合分析能力。

（三）教学模式改革特色

第一，课程覆盖面宽、影响力大，具有教改示范性。依托国家级精品在线课程资源，展开混合式模式教学，线上平台教学与校内线下混合式教学同步运行，每期线上和线下同期学习者达 4000 多人，5 轮运行受惠者超过 2 万人。以课程建设和教学模式改革为驱动，在团队建设和教改成果建设方面成效显著。课程受到国内同行广泛关注和高度好评，具有教改示范性。

第二，高度重视线上教学组织，构建学习共同体。重视线上教与学的互动和线上教学的组织与管理，利用平台数据，分析学习进度和质量；每周安排专任教师提供在线指导服务，及时回复学习者疑问，缓减在线学习焦虑；定期发布新主题，利用“讨论区”引导课后内容延伸与探讨，激发学习者持续学习热情，确保线上学习效度，打造优质虚拟学习生态。

第三，探索混合式教学模式，弥补线上教学的单维局限。通过线下翻转课堂拓展深化，推动以学生为中心的研讨式教学，在内容设计、教学模式、学习效度等方面达到“两性一度”金课标准。

（四）改革成效

教学效果上，线上的学习完成度、参与度越来越高，讨论区日益活跃；线下课堂内学生的主动性越来越强，课堂氛围积极活泼。在问题的探讨中，不同角度的观点碰撞、反馈，相互激发，学生的学习兴趣越来越浓。在校内评价中，本课程得到了平均 4.7 的高分（总分 5 分）。在“你认为该课程哪个方面你最满意？”问题下，同学们写道：“课程体系良好，内容丰富”；“讨论型教学很有创意”；“慕课和面授课相结合”，可以看到学生对线上、线下混合式教学模式的肯定，以及对以学生为中心的研讨式课堂的良好反响。本课程在专家组的听课反馈中得到了 6.42 分（总分 7 分），专家们对课堂的教学组织、活动设计、课堂氛围等给予好评。

近 3 年来，课程负责人受邀在全国性外语教学会议和兄弟外语学院做主旨或特邀报告达 30 余次。外语资深专家、四川大学原副校长、博士生导师石坚教授对此高度赞赏，在其公开学术报告中，重点介绍本课程达 10 余次，高度称赞本课程的建设质量和思政教育方式。

四、总结与展望

课程引领院内教师开展教学模式改革，热情高涨。本课程有效整合院内师资，促进文学/文化教研团队建设。3 年来，本课程获批国家级精品在线课程，团队出版配套教材 1 部，完成专题教改课题 2 项，获得省级教改成果二等奖 1 项。本课程引领学院慕课建设和混合式教学探索新风——目前学院已建成 12 门在线课程，获批 3 门国家级精品在线课程，学院教师依托线上金课展开的混合式教学探索蔚然成风。

课程团队依托“西方现代化视野下的英美文学”课程进行近五年的教学改革探索，始终坚持教、研相互促进，师、生共同成长的理念，积累了一系列混合式教学改革的经验，探索出符合西南交通大学发展战略的外语类人文通识课程建设的新路径。下一步，课程团队将重点做好以下三方面工作：

第一，坚持课程思政理念，提升混合式模式改革成效。经过 5 年教学实践，团队积累了大量学生反馈。课程团队将持续优化教学设计，完善教学内容，改进教学方式，提升教学质量。本课程团队将坚持历史回溯与现实观照，坚持东西比照和民族情怀养成，探索线上与线下更有效的教学融合，产生更为显性的教研成果，发挥引领和示范作用。

第二，以学习者为中心，加强教学过程组织与监控，完善评价体系。突出学生中心地位，根据学习者认知规律和学习特点开展教学组织与评价。作为课程主体，学习者的在线学习行为和学习效果是线下教学活动可否顺利高效开展的前提条件，本课程团队将加强线上教学组织与过程监控，健全和完善评价体系，有效测试和调控学生在线学习行为，确保线下课堂教学深化拓展的效果和质量（李成坚 2020）。提高学生学习的有效性将是课程下一步建设的重点。

第三，探索跨校合作和学分互认机制，促进区域内师资能力提升。充分发挥国家级精品在线开放课程的辐射作用，探索同城/地区跨校合作，完善校际学分互认的机制，扩大“建以致用”成效。在加强自身教学团队发展的前提下，尝试走出校门，建立跨校团队间的合作交流与互动，实现校际优势互补，互通有无，真正实现优质资源和建设经验共享，实现教育公平。

课程团队将以入选“国家级一流本科课程”为契机，坚持“课程是人才培养核心要素”的理念，持续深化以课程教学改革为核心的教育教学改革创新，全面提升课程建设水平与人才培养质量，加大课程教改的科研成果产出，为西南交通大学的外语学科建设和人才培养做出更多贡献。

参考文献

[1] 杨叔子，余东升. 文化素质教育与通识教育之比较[J]. 高等教育研究，2007（6）：1-7.

[2] 陈向明. 对通识教育有关概念的辨析[J]. 高等教育研究，2006（3）：64-68.

[3] 李成坚，孙颖. 英美文学与西方现代化进程[M]. 北京：中国人民大学出版社，2020.

[4] 尹晶. 经典阅读与思政教育——英国文学课程思政体系之尝试性建构[J]. 中国外语，2021，18（2）：84-90.

[5] 王卓. 高校外国文学“课程思政”的内涵与外延[J]. 当代外语研究，2020（4）：66-72.

[6] 余睿，朱晓映. 课程思政语境下的外国文学教学新模态探索[J]. 外语教学理论与实践，2021（1）：109-114.

[7] 李成坚. 信息化背景下的外语金课建设[J]. 山东外语教学，2019，40（5）：60-65

以“翻转课堂”为核心的混合式教学在通识课程中的实践探索

——以省级混合式一流课程“职场英语”为例

尹思婧　杨安文

【摘　要】党的十八大以来，社会对人才培养提出了更高的要求，在专业课程外引入通识课程，对我国办好有中国特色的高等教育具有至关重要的意义。本文以西南交通大学省级混合式一流课程“职场英语”为例，分析了如何在英语通识课程中采取以“翻转课堂”为核心的混合式教学模式。

【关键词】职场英语；通识课程；翻转课堂；混合式教学

一、研究背景

党的十八大以来，党和国家高度重视高校教育事业，对人才培养提出了更高的要求——坚持改革创新，办出有中国特色的世界水平的现代高等教育，达到教育强国的目标。这就是说，中国高校应该不仅要培养高素质的专业人才，更要培养德、智、体、美、劳全面发展的社会主义建设者和接班人。在这样的时代背景下，改革高校课程设置体系，在专业学科课程外引入通识课程，对我国办好有中国特色的高等教育具有至关重要的意义。

作者简介：尹思婧，西南交通大学外国语学院“职场英语”课程负责教师，讲师。
杨安文，西南交通大学外国语学院副院长，教授。

（一）通识教育的概念与意义

现代大学通识教育的理念最初由美国的帕卡德（A.S.Parkard）教授提出，英文为“Liberal Arts Education”。在中国则最早由钱穆先生在《改革大学制度议》一文中提及。《教育大辞典》中对“通识教育”有明确的定义，它指出其是在高等教育阶段与专业教育有别，强调大学生均应接受内容宽泛的、来自不同学科的知识的一种教育思想。由此可见，东西方现代高等教育都将通识教育作为培养综合素质人才的教育模式。我校教学系统中设置的通识课程，结合交大办学定位、学科特长、历史沿革等方面，通过向学生传授有别于专业领域的多学科知识，让不同背景的学生有机会交流合作，促进自身综合素质和创新能力的提高。从而“保证学生将来在成为各种各样的专家的同时，仍不失健全的人格和自由的品性”。这样正好达到了“立德树人”的培养目标，并且满足了新时期产业结构、用人需求以及个体发展。

（二）混合式教学的概念与意义

混合式教学的英文名称是“Blending Learning”，是一种复合型的教学模式。它将传统课堂和网络资源结合，多采取线下面授和线上学习。单一的口授课堂以教师为中心，难以调动学生积极性，无法突破时间空间限制使学生完成自主学习，也不利于提升英语应用能力和综合素质。这种问题在“职场英语”这一类强调应用性和互动协作的项目式学习型通识课程中更明显。而且，《大学英语教学指南》明确指出高校要根据自身办学定位、学科特长、历史沿革等，以培养具有社会主义核心价值观的适合社会发展的应用型人才为目标来建设大学英语课程体系。在此背景下，能满足此培养目标的混合式教学在通识课程中的广泛应用就是必然的结果。在实际应用中，混合式教学模式利用各种网络平台和电子化资源，发挥现代科技信息技术的优势，将英语资源、学习方式整合，丰富了大学英语课堂的教学内容和学习手段，更符合当代年轻学生的思维观念和学习偏好。

（三）翻转课堂的概念与意义

翻转课堂的英文名称是“Flipped classroom”，是实现混合式教学的主要手段，近年来在高校课堂中被广泛使用。这种教学模式主要调整了课堂时间的重新分配。在现代化信息技术的帮助下，教师制作教学视频或其他课件，需要学生在上课之前根据要求通过视频或者其他课件学习知识点。上课时，教师将课堂中的大部分时间交给学生按自己的节奏进行探索与讨论，从而达到主动学习的目的。目前在国内高校，这种灵活自主的教学模式主要是以慕课、微课等网络学习形式为基础，将传统课堂和无形资源相结合，打破陈旧的学习习惯，将教室的中心移交到了学生的手中，使课堂教学方式多样化，实现了教师角色的转变，有效提升学生自主性、积极性、创新性。

二、以“翻转课堂”为核心的混合式教学模式在省级混合式一流课程“职场英语”中的实践

以“翻转课堂”为核心的混合式教学不是简单地将网络搬进实体课堂，而是需要吃透各种教学资源，结合多种教学策略，在多种学习环境中引导学生按照自己最适合的方式进行有效学习。“职场英语”正是从教学模式、教学策略、教学资源、评价模式四个方面进行通识课程教学改革实践的。

（一）课程简介

西南交通大学“职场英语”是一门针对已完成英语基础学习阶段（达到大学英语四级水平）的非英语专业本科学生和有英语职场需求的高职高专学生，按照国家“金课”标准建设的英语通识课程。本课程对标学校国际化复合型人才培养要求，践行“立德树人”，将英语职场知识传授、职场交际能力培养与社会主义核心价值观引导有机结合，在传授职场英语知识的同时，着力提高学生在职场环境中的英语听、说、读、写能力，

培养跨文化交际能力，增强职业素养和社会责任感，引导学生立志成为德才兼备的社会主义事业建设者和接班人。

（二）教学模式改革

自“职场英语”通识课程建成以来，我校一直在开展以“翻转课堂”为核心的混合式教学实践。有别于传统大学英语授课模式，全程采用线上线下结合、智能终端管理的方式，实现学生随时随地介入、按需学习的高效创新教学模式，充分体现“互联网+”大环境下的创新教育特点——“教师主导，学生主体”。课程教学中以任务型教学活动作为主体，让学生在“做”中学，注重学习产出，引导学生“主动式”学习并为其创造愉快的学习体验。

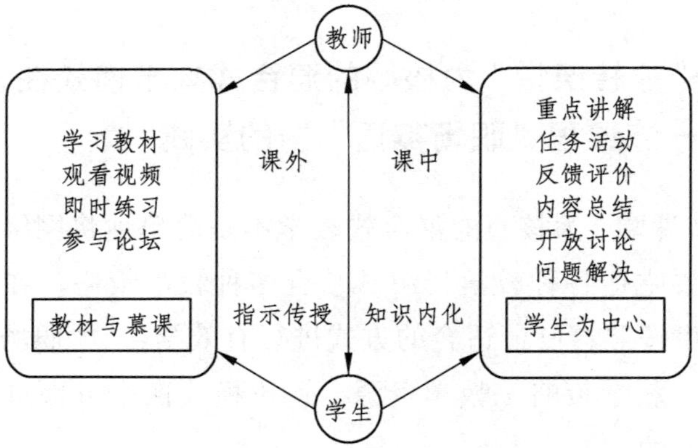

图1 “职场英语”教学模式设计

（三）强调翻转的教学策略

在“职场英语”的翻转课堂中，教师主要充当引领者、观察员和评价者的角色，以“兴趣”为引导，以“任务”为驱动，以“活动”为主线，以“学生”为中心，以“测试和评价”为抓手，开展线上线下相结合的混合式教学。依托“职场英语”慕课进行课堂翻转，即学生自学（慕课与纸质教材）+线上辅导答疑（主讲教师及助教）+课堂面授（主讲教师）+线上线下任务活动。知识讲授通过慕课在线上完成，课堂以学生实操训练、成果产出为主，通过丰富有趣的小组活动、跨组、跨班活动形式，让学生在“做”中学到实用职场英语技能，培养学生的动手能力、思辨能力、创新思维和团结意识。

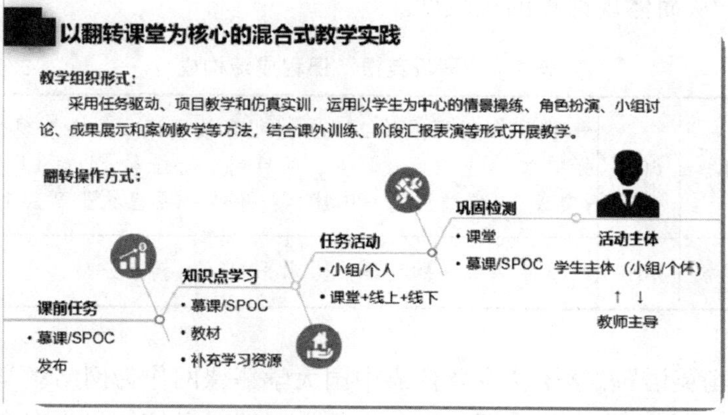

图 2　“职场英语”教学策略设计

（四）教学资源多元化

混合式教学的成功与有效的多元化教学资源息息相关。“职场英语”的基本知识点完全满足传统教材+电子资源的混合式教学要求。课程团队编写了自主的传统教学资源，以纸质教材、教学参考书、配套音频和 PPT 等为主，还在同样的教学主题上制作了“职场英语”慕课，获评第一批国家精品在线开放课程。线上资源以学习概念或知识点为单位的短视频通常在 10 分钟左右。语料均选自全新的职场真实场景，内容编排新颖，注意趣味性、娱乐性和多样性，突出实用性和实践性。还在教学中提供了一系列与知识点相关的微视频、PDF 文本、交互式测验等电子资源。

（五）构建多元评价模式

如何进行多元评价历来是以翻转课堂为核心的混合教学模式操作的难点。“职场英语”教学团队按照课程目标，遵循混合教学理念，改革了课程考核内容和方式。本课程成绩由形成性考核（占60%）和终结性考核（占40%）组成。形成性考核以学生过程学习参与度和学习产出成效考核为主，终结性考核则采取全年级统一的英语能力水平测试，实施教考分离，从而体现课程的挑战度。

表1 "职场英语"课程成绩构成

形成性考核	60%	慕课/私播课成绩25%；过程考核及课堂综合表现25%，包括随堂/线上测试及作业，项目制小组任务（口语+写作，互评+复评），课堂讨论、陈述、辩论等；课程结业测试10%
终结性考核	40%	全年级统一的英语能力水平测试，教考分离

"职场英语"教学团队主要依靠中国大学慕课网作为网络教学平台管理学生和进行日常考核。课程对学生的学习情况考核细化为多个维度，建立了一个系统的考核标准。此外，授课教师还利用中国大学慕课网慕课堂系统评价学生学习情况，例如课堂考勤、平台学习进度等。

表2 "职场英语"线上成绩构成

单元测试	30%	考察单元知识点。题型包括单选题、多选题、判断题和填空题。每个单元10道题
平时作业	30%	课程学习期间共有3次作业（应用写作等），采取学生互评批改方式和教师复评（作业互评最少个数为5个）
期末考试	30%	整个课程的知识点。题型包括单选题、多选题、判断题和填空题。90分钟内完成
课程讨论	10%	该部分积分维度为活跃度：在"课堂交流区"中针对老师发布的讨论题进行回复，回复的数量达到10次，即可以获得满分10分

备注：成绩为二级计分制：优秀、合格。按百分制计分，60～84分为合格；85分及以上为优秀。

三、结　语

以“翻转课堂”为核心的混合式教学模式在“职场英语”通识课程的教学实践确实取得了一定显性成绩，并得到了业内广泛认可。该课程2018年入选国家精品在线课程;2019年获混合式教学优秀案例全国三等奖；2020年入选高校在校开放课程联盟联席会在线教学管理优秀案例，获得全国高校教师教学创新大赛——第六届外语微课大赛二等奖；2021年入选四川省首批混合式一流课程。同时，该课程教改成果获评我校教学成果奖，作为优秀教学改革案例在全校进行推广。

我们同时也发现，虽然这种教学模式的确在通识教学中具有明显优势，但是实施过程中也受到了网络环境、科技水平、教师理念、课堂管理、学生自主性等多方面的限制。一旦某个环节出了纰漏，教学效果将大打折扣。因此，我们认为，在组织实施这种教学时，一定要在各环节上精益求精，做好预案。

此外，“职场英语”课程教学改革及立体化教学资源仍需持续建设，比如“职场英语视听说”数字课程、新形态（智慧版）教材的开发。而且还要以《中国英语能力等级量表》为依据，从课程教学目标内容、混合式教学组织、学习评价等方面入手，从教师、学习者两个角度，对教学效果进行长期的跟踪式评价，在以“翻转课堂”为核心的混合式教学实践中不断搜集反馈并持续改进。

参考文献

[1] 教育部课题组. 深入学习习近平关于教育的重要论述[M]. 北京：人民出版社，2019.

[2] 教育大辞典编纂委员会. 教育大辞典[M]. 上海：上海教育出版社，1998.

[3] 汪建华. 大学通识教育课程变革史论[M]. 成都：西南交通大学出版社，2020.

[4] 闫歆丽，田稷. 简析基于翻转课堂的大学英语混合式教学模式的构建与实践[J]. 海外英语，2019（10）：172-173.
[5] 乔纳森·伯格曼. 翻转课堂与混合式教学[M]. 北京：中国青年出版社，2018.
[6] 黄荣怀，周跃良，王迎. 混合式学习的理论与实践[M]. 北京：高等教育出版社，2006.
[7] 杨安文，尹思婧. 基于慕课的《职场英语》混合式“金课”探索[J]. 外研之声，2020（1）：26-27.

聚焦高质量学习：学习方法指导课程建设的思考与实践

雷鸣　王璐　孙燕云　钟菲菲

【摘　要】学生的高质量学习是构建高质量教育体系的基础和前提。高质量的学习关键在学生，核心在学生“会学习”的能力。在新知识观理念下，增强学生学习能力不能仅靠深层次地学习陈述性知识、程序性知识，还需要掌握策略性知识。学习策略是促进学习者学习的程序、规则、方法、技巧以及调控方式。研究证明，学习策略不仅是可教的，而且也反映了学生自主学习的能力。鉴于此，结合“思维训练与学习方法进阶”跨学科课程的建设经验，提出增强学生策略使用意识、优化策略教学模式、使用思维可视化工具提升学生思维的建议。

【关键词】学习质量；学习方法；学习策略；思维可视化技术

项目简介：四川省2021—2023年高等教育人才培养质量和教学改革项目（项目名称：以学为中心的“三趣”学业指导体系建设与探索，编号：JG2021-251）；西南交通大学2021年本科教育教学研究与改革项目（项目名称：“双一流”建设高校学生学习质量的现状与提升路径，编号：2101018）。

作者简介：雷鸣，副教授，西南交通大学心理研究与咨询中心副主任；研究方向：学习科学、积极心理学与心理健康教育。

孙燕云，西南交通大学物理科学与技术学院副教授，博士；研究方向：大学物理教与学、极端条件下的凝聚态物理。

王璐，西南交通大学数学学院副教授，博士；研究方向：大学数学实践教学研究、新形态大学数学教学研究。

钟菲菲，西南交通大学外国语学院讲师，硕士；研究方向：外国语言学及应该语言学。

一、问题的提出

《中华人民共和国国民经济和社会发展第十四个五年规划和2035年远景目标纲要》(以下简称《规划纲要》)提出“建设高质量的教育体系”，开启新时代教育强国新征程、新蓝图。构建高质量教育体系，既是国家和社会发展的客观需要，也是高等教育内涵式发展的必然要求。教育质量是“教育水平高低和效果优劣的程度”“最终体现在培养对象的质量上”“衡量的标准是教育目的和各级各类学校的培养目标”(《教育大词典》，1990)。教育质量的对象和核心是人才培养的质量，也就是学习者的教育水平和效果。构建“高质量教育体系”必然要落脚到人才培养。如何提升大学生学习质量，是提升高等教育人才培养的质量的关键，历来是高等教育改革与发展的核心要点。

目前对大学生学习质量的研究存在两条路线：一是从教学质量的角度，推动以“学习质量取向”的教学改革。通过提升教学质量和优化管理，帮助学生在知识掌握过程中，助力知识的理解，深化知识的巩固，促进知识的迁移。二是从学生知识的掌握过程(如学习投入、学习方式、学习动机、知识获得)角度考察学习质量。高质量的学习结果来源于有效的学习过程。在本质上，学习是一个动态、多维的活动过程，除了学习结果外，学生的学习投入、学习方式、学习动机等过程性因素都是学习质量的一个重要反映。国内学者陆树根、史秋衡、汪雅霜、吕林海等人开展了相关研究，以国家社科基金“十一五”规划教育学重点课题“大学生学习情况调查研究”为契机，围绕着学习质量的提升发表了一系列的重要成果。

但是值得注意的是，长期以来，高等教育质量的评价中表现出严重的“主体缺位”的现象，正如潘懋元先生所说：“长期以来，我们忽视了作为教育主体的大学生学习的研究，忽视了从教学的本源上去解决质量问题。”(陆根书，2007)因此，提升教育质量关键还是在学生。从学的角度来看，影响学生学习质量的因素不仅仅是学习投入、学习的深度，掌握有效的学习方法、会学习的能力也是重要的方面。以大学新生的适应为例。大一新生进入大学，面临着学习、生活、环境、情绪等诸多方面的适应。以往对新生入学适应的调查发现，学习适应不良居于核心地位。从大一新生的学习适应来看，有效的学习策略与方法能够有效地提升大学生的学习适应。而大学一年级又是影响本科教学质量的两个关键阶段之一。由此可见学习方法与策略的引导对高校教育质量提升的重要性。

其他一些有关学习方法与策略促进学生学习质量的研究方面也表明学习方法与策略确实能够提升网络环境下学生其英语自主学习的适应性、专业的适应性。其实中国古代学者，非常重视学习方法和策略。比如,《大学》中明确在学习过程中要“博学之，审问之，慎思之，明辨之，笃行之”。《朱子大全·读书之要》提出“善问者，如攻坚木，先其易者，后其节目”。这些都反映出古代学者不仅重视“授道”，也重视学习方法。

近年来学习方法与策略被视为学习质量的重要观测指标。国内外很多高校都通过建立学习方法指导中心、开设学习方法指导课程，对低学业成就的学生、学业预警的学生开展专业规划和学习方法辅导，并将此作为大一新生的重要教学内容。鉴于此，研究团队将学习策略知识作为教学内容，通过课程设计和教学内容的组织，促进学生学习方法和策略的优化，提高自身的学习质量。

二、学习策略的教学

（一）学习策略及其基本类型

在日常生活中，大多数人将学习策略与学习方法视为同一概念，其实两者是完全不同的。学习策略是促进学习者学习的程序、规则、方法、技巧以及调控方式。学习方法是指学生完成学习任务的手段和途径。在学习心理领域，学习方法比学习策略更为概括、抽象，学习策略则更为具体。因此，心理学领域更多地谈学习策略而不是学习方法。大量的心理学研究表明，学习策略对于新知识与技能的获得、新知识与技能的巩固（存储）、新旧知识的整合以及知识的迁移（应用）等过程都产生了重要的影响。梳理并总结这些学习策略，大致分为认知策略、元认知策略和资源管理策略三类如图 1 所示。

如图 1 所示，认知策略主要是指对知识的认知加工过程，主要包括将知识转为记忆系统的复述策略，帮助学习者构建知识之间有意义联结的精细加工策略以及以结构化的形式组织知识的组织策略。认知策略的掌握有助于提高学习效率和质量。以往研究表明，对英语学习的认知策略进行有意识的训练，有助于提升学生期末英语的学习成绩。

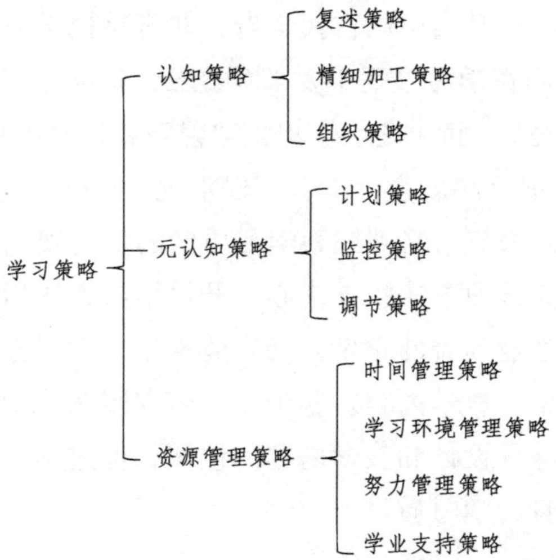

图 1　学习策略的分类[资料来源：转引自陈琦和刘儒德（1997）①]

元认知策略主要是指当下学习过程中使用学习策略的知识和调节学习活动的过程，主要包括对学习活动的组织与安排的计划策略、对学习活动执行情况的监控策略以及对学习过程中的认知、情感进行调控的调节策略。在教育心理学领域，元认知被认为是一个人关于自己认知加工过程的知识以及调节加工过程的能力。元认知策略是元认知在学习领域中的体现，展现了学生对学习的认知以及自我调节。元认知策略有助于提高学生学习的自主性。研究表明，理解与记忆策略、

① 陈琦、刘儒德：《教育心理学》，北京师范大学出版社 1997 年版，第 183 页。

信息概述策略、信息评鉴策略在内的元认知策略有助于提高 12 058 名学生的数学成绩。一项元分析的文献也表明，元认知策略与中小学生学业成绩的关系属于高等效应正相关。

资源管理策略是指对与学习活动相关的重要影响因素进行组织和安排的形成，主要包括对时间的安排与管理的策略，对学习环境进行管理的策略，对个人学习意志、努力程度进行调控的努力管理策略以及向师生寻求学业支持的学业支持策略。研究表明，在初中生数学资源管理策略中，学业求助管理、环境管理、努力管理对学业成绩均有显著正向影响。同时，时间管理通过努力管理间接影响学业成绩，努力管理对学业成绩影响最为显著。

在学习活动中，这三类学习策略对知识的信息加工起着不同的作用。认知策略是学习者对学习材料的加工和组织，指向学习活动本身。要提升学习效率，认知策略是必不可少的策略性知识。元认知策略则是强调学习者面对不同的学习材料，在不同的学习情境中调节、控制认知活动的策略性知识。这类策略体现了一个学生学习应对的灵活性以及自我调节能力。资源管理策略反映了学习者管理、利用环境和资源的情况。学习需要借助一些资源和环境才能进行。

（二）学习策略的可教性

学习策略的掌握是学生学会学习、会学习的基础和前提。当代认知心理学的大量实验证明“策略”是可教的，可以通过训练而习得。从新知识观的角度来看，知识包括陈述性知识（回答“是什么”）、程序性知识（解决“为什么”）和策略性知识（探讨“怎么做”）三大内容，缺一不可。从这个意义上来看，教学应该包括这三部分的知识，但长期以来在教育实践中忽视了策略性知识的讲授和引导。有的教师将学生钻研学习方法与策略的行为视为“投机取巧”的表现，轻视策略性知识的讲授。这可能与教师缺乏学习策略的意识有关，也与缺乏策略教学经验有关。

同时，我们忽视策略性知识的教学还与策略性知识教学活动本身有关。从已有的研究来看，策略性知识的教学难以实施，主要在于缺乏公认的教学理论、策略性知识自身还未成体系、策略学习受学生自身认知发展水平的影响。

尽管如此，不少学者也开展了这方面的探索。如杜晓新等提出针对学困生的“认知与监控”学习策略训练模式，张庆林等创建策略性知识转化理论等。刘电芝、张庆林等均对此进行了积极的总结和探索，并形成了一些行之有效的策略性教学模式。以下此略做介绍。

刘电芝等人提出“趣味引入—策略剖析—策略应用—策略反思”策略性教学的四阶段模式。在趣味引入阶段，通过引入对话或有趣事例、挑战性任务，激发学生学习策略的欲望与动机，使学生处于一种渴求知道的积极情感状态。在策略剖析阶段，结合事例深入浅出地说明策略的实质。选择的实例应利于学生接受，特别是学科学习策略的阐述离不开具体的学科知识。在策略运用阶段，让学习者了解自已所学习的策略，提供练习策略的机会，比如选用典型的事例或多样化呈现的学习材料，便于学生迁移。在策略反思阶段，回顾策略运用的过程，梳理策略运用的关键节点、策略运用的有效性以及策略的迁移性。

张庆林等人通过研究实践出了一套“策略感悟—策略尝试—策略反思—策略运用—策略迁移—策略巩固”六阶段思维策略训练模式。在策略感悟阶段，通过实例感悟策略的有用性。在策略尝试阶段，引导学生从具体实例到另一个具体实例的类比，明确策略的比较性优势。在策略反思阶段，将学生的感性认识上升为抽象的策略性知识，促进学生对策略性知识的理解。在策略运用阶段，指导学生练习运用策略性知识，在真正理解的基础上达到熟练运用的程度。在策略迁移阶段，鼓励策略迁移到其他领域，形成学习策略的条件化知识。在策略巩固阶段，进行复习巩固性练习，促进策略性知识的熟练自动化，向良好的思维习惯转换。

（三）策略教学的有效性

策略教学的有效性是指在脱离策略教学之后，学生将所学策略保持下来并迁移到类似的学习情境中，且使学习绩效获得持续改进的程度。学习策略的教学有效性决定学习策略辅导的质量，实质是学生对所学策略的持续保持和迁移运用。但是不少研究发现，学生存在着策略利用的缺陷，即学生缺乏策略，无策略可用，或学生已具备相应的策略，但不能应用或错误运用。

造成学生策略利用缺陷的主要原因表现在以下四个方面：① 策略巩固的程度不高。对策略的学习只“知道怎样做”，对“如何做”还掌握不够。练习的频次不高。② 策略运用的主动意识不强。学生未真正体会到策略的有效性，或者主观认为耗费时间等因素，缺乏运用的主动意识。有研究发现，学生策略使用的观念越强烈，学生在现实学习中学习策略的使用也会更频繁。③ 策略使用中缺乏体验感。在使用学习策略的过程中，缺乏情感的激发与参与，没有产生运用的欲望与动机。④ 缺乏条件化知识。缺乏条件化的知识，就会导致个体不知道在何时、在什么情况下选择哪一种策略。策略利用缺陷使我们在教育教学过程中应该关注策略性知识教学的特点。

三、“思维训练与学习方法进阶”课程的建设情况

在教学实践中不难发现一些充满矛盾的学习现象：一方面，大学生们经历数十年的学习，对学习颇有一些认识和体会，熟悉一些基本的学习方法与策略；另一方面大学生在学习的实践中并不是有意识地运用这些方法和策略，训练自己的思维，而是停留在“刷题”、考试找“套路”等浅层次、机械式的学习层面。这种矛盾的现象，集中体现在一些基础课程（如“高等数学”“大学物理”）的学习中。从表面来看，似乎是因为课程学习的知识量较大，没有时间对知识进行精细加工，实际上是学生掌握的学习策略不多，使用策略的意识不强。学习与掌握良好的学习方法，其实质就是对思维能力的培养。这折射出学生并没有改变学习思维、优化学习方法的意识。

诚然，在知识的学习中，先前知识经验的积累很重要，但是学习思维的引导、学习方法的优化更重要。因为教育教学的最重要任务是教学生思维。这在学习“高等数学”“大学物理”“大学英语”等课程时就体现得比较充分。良好的学习思维、恰当的学习策略能够帮助学生有效地提高学习效率和质量。2020年，教育部提出构建高校思想政治工作体系，明确提出理学、工学类专业课程要注重科学思维方法的训练[①]。足可见学习方法引导的重要性。

鉴于此，我们面向全校建设跨学科课程“思维训练与学习方法进阶”，综合学习科学、教育心理学、脑科学、认知神经科学等有关学习心理机制的理论和成果，以心理学学科知识为基础，结合数学、物理和英语等具体学科的学习问题，引导学生在这些具体学科中掌握策略性知识及其应用。同时，这门课程引导学生反思学习过程，梳理以往策略性知识的应用经验，寻找切合自己的有效学习方法，增强学习的自主性，促进高效率学习，提升学习质量。

基于这样的课程建设思路，在知识层面上认识一些基本的学习心理，澄清学习心理误区，帮助学生合理地进行时间管理、知识管理、学科（“数学”“外语”“物理”）学习，正确地解读学习及其体验，树立积极的人生观、价值观和学习观。在技能层面，强化学习思维训练与学习管理方法，挖掘自身积极力量、体验积极学习体验的方法与技能，形成自己获得快乐的学习方法，顺利度过大学新生的适应阶段；在自我认识层面，以积极学习体验为中介，以解决问题为导向，形成学习的自觉性；在学习挫败中感受自身具有的积极力量，以积极体验促进行为、思维改变的自觉意识。

为了更好地精准服务于学生，课程团队开展了大量的问卷调查，尤其是针对选修“思维训练与学习方法进阶”课程的学生（如图2所示）。结果显示，学生对学习方法与策略确实存在一些需求，主要集中在四个方面：学习心理的认识误区、学习过程中存在的问题、英语

---

① 《教育部等八部门关于加快构建高校思想政治工作体系的意见》（教思政〔2020〕1号），http://www.moe.gov.cn/srcsite/A12/moe_1407/s253/202005/t20200511_452697.html。

学习问题以及学习方法的提升。结合这些学生反馈的现实问题，融入课程设计。

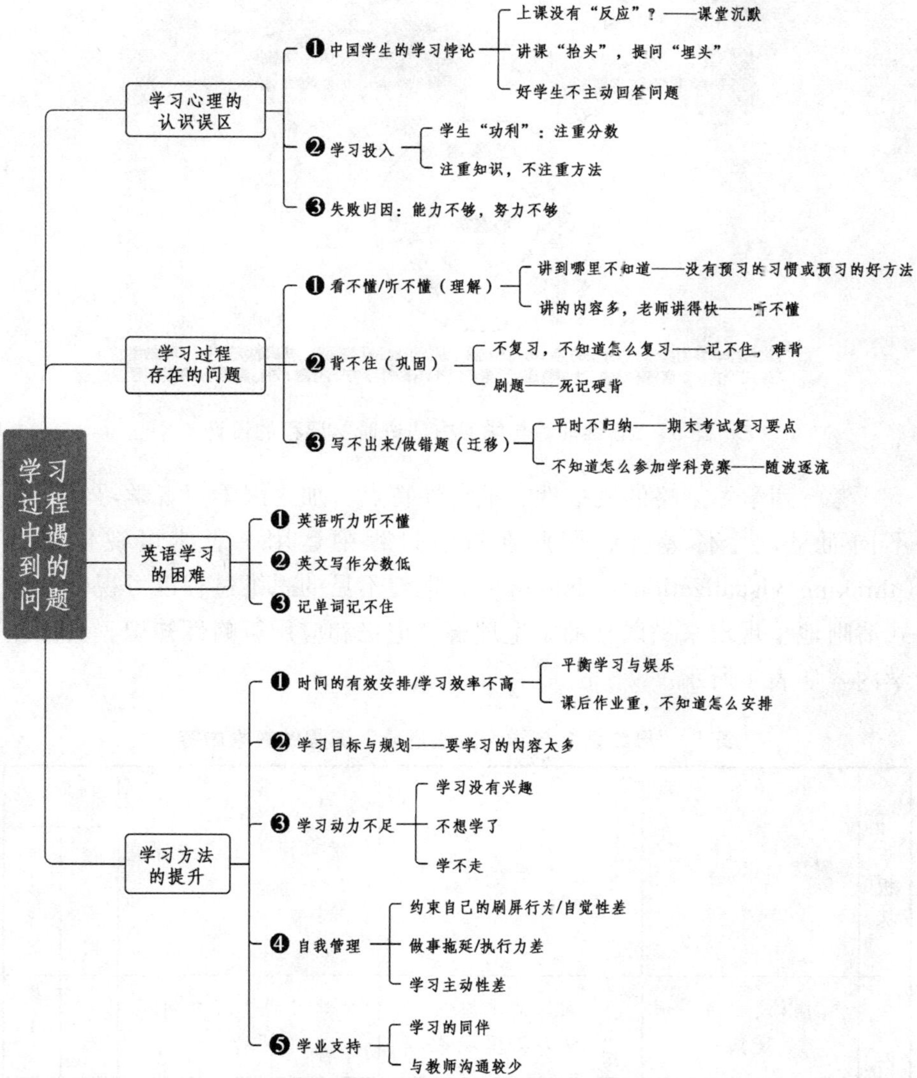

图 2　学生在学习过程中遇到的问题

在课程设计上，按照知识掌握的理解、巩固和迁移三阶段组织相关的策略性知识，结合数学、物理和英语具体的学科学习问题，引入认知策略、元认知策略和资源管理策略（如图 3 所示）。

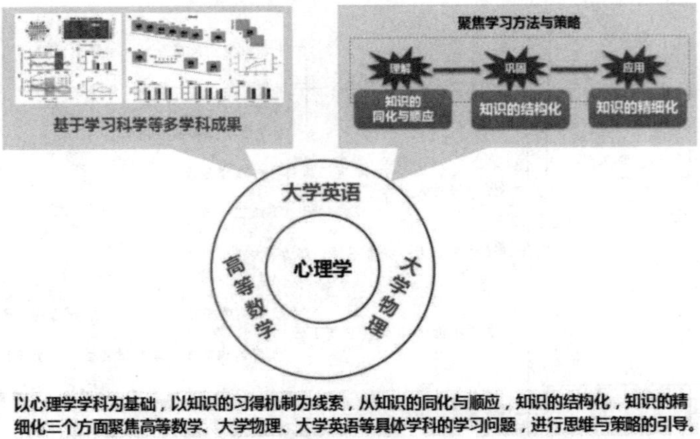

图 3 “思维训练与学习方法进阶”课程的设计

考虑到学习策略的概括性、抽象性特点，加之因学习者学习经历的不同而呈现个体差异，因此在教学过程中运用了思维可视化技术（thinking visualization technology），把看不见的思维过程以可视化的形式清晰地呈现出来，以帮助学生理解、记忆和应用策略性知识。具体教学内容如表 1 所示。

表 1 “思维训练与学习方法进阶”课程的教学内容

知识板块	知识点	教学内容	思维可视化工具或课堂活动	课时安排	
				理论课时	实践课时
学习与社会文化	学习以及学习心理现象	1. 学习的本质 2. 学习心理现象	对学习的理解与判断（问卷）	1	1
	中国社会文化与学习心理	1. 学习社会成就动机 2. 课堂沉默 3. 德性学习行为	“好”的学习行为清单	1.5	0.5

续表

知识板块	知识点	教学内容	思维可视化工具或课堂活动	课时安排	
				理论课时	实践课时
知识的理解	顺应与同化	复述策略	1. 记忆的三阶段模型 2. 高效记忆的方法	1	1
	顺应与同化	精细加工策略	介绍常见 8 种可视化思维工具	1	1
	顺应与同化	组织策略	概念图	1	1
知识的巩固	课堂笔记	记笔记的方法	1. 5R 笔记法 2. 树状图	1	1
	总结巩固	知识提炼	1. 4-2-1 总结模式 2. KWLHR 模式	1	1
	提取巩固	知识提取练习及其形式	思维导图及其与概念图的区别	1	1
知识的迁移	知识结构化	大概念知识结构	思维导图	1	1
	基于真实现实问题	学科竞赛	模拟学科竞赛活动	0	2
资源管理	最优化学习目标与时间管理	1. 学习目标的最优化 2. 时间管理	1. 雷达图（目标设置） 2. 时间管理图	1	1
	兴趣与意志	1. 学习兴趣的培养 2. 学习努力与意志品质	利用可视化思维工具	1	1
	学业支持	寻求学业支持的途径与方法	小组研讨	1	1

建设这门课程具有良好的基础。课程团队先后获得四川省 2018—2020 年高等教育人才培养质量和教学改革项目（项目名称：基于分享、共享与协作的学生自主学习能力提升模式及其支持平台，项目编号：JG2018-142）、四川省社科规划项目一般项目（项目名称：学习适应视野下大一新生学业复原力的提升策略研究，项目编号：SC18B137）、四川

省 2021—2023 年高等教育人才培养质量和教学改革项目（项目名称：以学为中心的“三趣”学业指导体系建设与探索，编号：JG2021-251）以及西南交通大学 2015 年度本科教育教学研究与改革重点培育项目建设（项目名称：新生适应教育体系探索研究与实践，项目编号：1503047），2018 年度本科教育教学研究与改革重点项目（项目名称：基于分享、共享与协作的“幸福校园”模式构建，项目编号：1802037）、2020 年本科教育教学研究与改革项目（项目名称：“双一流”建设高校学生学习质量的现状与提升路径，项目编号：2101018）、2021 年本科教育教学研究与改革项目（项目名称：“双一流”建设高校学生学习质量的现状与提升路径，编号：2101018）的资助，发表了 8 篇高质量的教研论文。这些工作为课程的建设提供了良好的教学学术基础。同时，课程团队也积极开展教学实践改革，先后在校内外专题介绍课程建设经验。

自 2018 年开课以来，经过四年的迭代更新，“思维训练与学习方法进阶”跨学科课程已经得到不少学生的认可。课程评价平均 4.76 分（满分 5 分）。不少学生表示该课程“促进了自己对大学学习的思考”“课程形式多样，内容多元丰富”“课程教学很多样，教学模式也很有趣”“老师与同学们有充分地互动交流”“老师或助教针对我的学习情况给予了及时且有价值的反馈”“课程的理念很好”（如图 5 所示）。

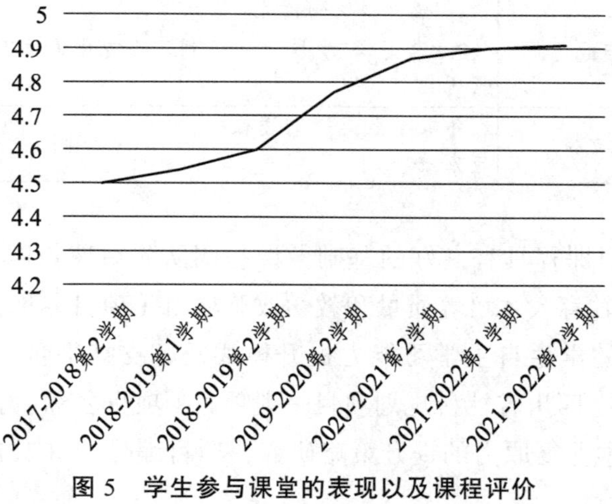

图 5　学生参与课堂的表现以及课程评价

四、学习方法指导课程的建议

学习是大学阶段重要的发展任务之一，也是学生最大的压力来源之一。入学报到，最大的挑战是学习适应；升学评奖，最大的压力是学习成绩；创业就业，最大的障碍是自身的学习成效。一项元分析结果显示，大学生的学习压力、就业压力及自尊心受损与心理健康高度相关。可以说，学习状态是大学生心理健康的“晴雨表”。塑造学生自尊自信、理性平和、积极向上的积极心态，关键在于提升他们的学习质量；引导学生珍惜学习时光，心无旁骛求知问学，增长见识，丰富学识，沿着求真理、悟道理、明事理的方向前进，关键在于增强他们的内在动力，提升他们自主学习的能力。

自主学习（Self-regulated Learning，也译为自我调节学习，或自我监控学习）是指学习者在一定程度上从元认知、动机和行为方面积极主动地参与自己学习活动的过程，反映了学生积极主动控制调节自身学习活动的情况。不少研究发现，自主学习是一种有效的学习方式，高自主学习策略/能力学生的学习成绩优于低自主学习策略/能力学生。这表明，掌握一定的学习策略是学生自主学习的必要条件。但是策略性知识的教学还存在诸多挑战，以下结合“思维训练与学习方法进阶”的教学实践，提出几条建议。

（一）增强学生策略使用意识，避免策略利用缺陷

从低学业成就学生、延迟毕业学生的调查来看，其并非存在学习能力的问题，而是存在学习策略使用意识淡薄的情况。在学习新知识时，多数学生没有使用组织策略促进对知识理解的意思；在课外学习中，缺乏元认识策略对自身的学习行为的调节；在学习活动中，缺乏资源管理策略的使用。学习策略反映了学生对自身学习活动的调节或调整。策略使用意识的淡薄，反映了学生对学习活动调节能力的下降，或者不足。针对策略利用缺陷的不足，在教学过程中，教师可以通过课堂教学提供学科或课程学习方法的策略性知识，有意识地引导学生。也可以结合具体事例，明确其中策略使用的优势，强化学习策略的相对

优势。同时，及时强化策略使用的主观体验，增强情绪情感，激发学生使用策略的动机。

（二）结合具体的教学实践，优化策略性知识教学的模式

“思维训练与学习方法进阶”跨学科课程经过 4 年的迭代建设，围绕着提升学生学习质量，聚焦“怎么学习”，参照张庆林、刘电芝等人策略性知识的教学模式，结合大班教学的实际，不断地迭代完善课程教学模式。这门课程专门指导学生提升自身的学习策略性知识和技能。这就要求课堂教学要紧扣学生学习的实际，直击学生学习的痛处，从教学目标的优化、教学内容的完善、教学方式的更新、教学评价的多元化等方面进行改革，让学生实实在在地有获得感、成就感。

（三）充分利用思维可视化技术，提升学生的思维能力

学习与掌握良好的学习方法和策略，实质上就是对思维能力的培养。思维具有抽象性、概括性以及个体自我生成性。在大多数情况下，思维过程只能体感，很难进行精确的描述，不过可借助具体的符号、文字，通过演算、写作、对话等形式直观展现思维。近年来，思维可视化技术开始兴起，大家开始借助图示、符号等展示思维过程。在教学中，应用思维可视化技术，选用不同的思维可视化工具（如概念图、思维导图、思维图示、5R 笔记法、树状图、4-2-1 总结模式、KWLHR 模式等）对知识掌握的理解、巩固和应用环节进行训练，既可以直观地展示学生在各个阶段知识的掌握情况，又可以借助可视化工具促进师生交流，增强学生的学习获得感。

学习既是大学生最大的压力来源之一，也是大学生获得幸福的最大来源之一。我们应该引导学生在学习过程中体验到快乐、感悟到意义与价值。通过发挥课堂主渠道作用、促进学生学会学习不仅将会提升学习的效率，训练学生的思维能力，还能让学生获得持续的学习能力，增强学生的学习获得感、幸福感和安全感。

参考文献

[1] 张萍，温恒福. 大学生学习质量四维管理模型的建构[J]. 教育科学，2015，31（6）：41-46.

[2] 程化琴，魏戈. 大学新生学习适应：问题表征与行动探索[J]. 教育学术月刊，2015（2）：73-80.

[3] 牛端，张杰锋，方瑞芬. 学习策略与人际交往能力对大学新生学校适应的影响[J]. 复旦教育论坛，2017，15（5）：50-55，70.

[4] 许洋，张迪帆，杨洪敏，等. 教育信息化环境下提高大学新生学习策略的调查与研究[J]. 教育理论与实践，2008（24）. 40-43.

[5] 龚放. 大一和大四：影响本科教学质量的两个关键阶段[J]. 中国大学教学，2010（6）：17-20.

[6] 张泳,何高大. 学习适应性与学习策略之实证研究——解读大学英语网络自主学习[J]. 现代教育技术，2012，22（4）：73-78.

[7] 王敬欣，张阔，付立菲. 大学生专业适应性、学习倦怠与学习策略的关系[J]. 心理与行为研究，2010，8（2）：126-132.

[8] 伍远岳，周妍.必要与可能：中小学生学习过程质量监测——来自国际大规模教育评价的启示[J]. 教育科学研究，2018（11）：62-67.

[9] 刘电芝. 学习策略研究[M]. 北京：人民教育出版社，2001：3.

[10] 许明. 现代信息技术条件下英语学习认知策略应用研究[J].当代外语研究，2013（6）：41-45.

[11] 夏林丽，杨龙仙，颜宝平. 阅读元认知策略对学生数学成绩的影响——基于 PISA2018 数据分析[J]. 中国考试，2022（1）：76-85.

[12] 刘哲雨，王媛，杨慕娴. 技术支持视角下元认知策略对中小学生学业成绩的影响研究——基于 54 篇相关外文文献的元分析[J].现代教育技术，2021，31（8）：60-66.

[13] 陈鹃娟,周莹. 数学资源管理策略与数学学业成绩的关系研究——数学努力管理与数学学业求助管理的中介作用[J]. 数学教育学报，

2020，29（4）：20-26.

[14] 刘电芝，张荣华. 学习策略教学的类型、阶段与特点[J]. 课程·教材·教法，2004（3）：17-21.

[15] 王鉴，王明娣. 高效课堂的建构及其策略[J]. 教育研究，2015，36（3）：112-118.

[16] 王新民. 学习策略教学的教师培训研究[J]. 教育与职业，2010（9）：68-69.

[17] 张庆林，杨东. 高效率教学[M]. 北京：人民教育出版社，1983.

[18] 田澜，张大均. 学习策略教学的有效性：内涵与实施[J]. 中国教育学刊，2010（9）：36-38.

[19] 袁晓琳，刘畅，王穗萍，等. 大学生的语言学习观念与英语学习策略研究[J]. 心理与行为研究，2006（2）：154-159.

[20] 刘电芝. 高效学习的追求：学习策略的研究与实践[J]. 中国教育科学（中英文），2019，2（6）：81-99.

[21] 顾明远. 再论教育本质和教育价值观——纪念改革开放 40 周年[J]. 教育研究，2018，39（5）：4-8.

[22] 汪立夏，舒曼. 大学生心理健康状况、负性事件及求助行为趋势分析——基于江西省十年大学生心理健康状况调查[J]. 教育学术月刊，2013（5）：24-27.

[23] B J ZIMMERMAN. A social cognitive view of self-regulated academic learning.Journal of Educational Psychology, 1989(81): 329-339.

[24] 朱祖德，王静琼，张卫，叶青青. 大学生自主学习量表的编制[J]. 心理发展与教育，2005（3）：60-65.

[25] 雷雳，汪玲，Tanja CULJAK. 目标定向在自我调节学习中的作用[J]. 心理学报，2001（4）：349-353.

理工类院校人文历史类通识课程建设探讨

——以西南交通大学“中华玉石文明与鉴赏”课程为例

邓君韬

【摘 要】理工类院校开设人文历史文化类通识课尤其必要。西南交通大学深化教育教学改革，倡设并践行“交通天下”通识教育取得良好效果。以学校“中华玉石文明与鉴赏”通识课程为例，回顾并分析课程设置缘起、开展实施进程及教育教学实效，以期助益理工类院校通识教育“授蒙养正，博雅信达”目标的实现。

【关键词】通识教育；文化鉴赏；教学改革；理工院校

一、西南交通大学探索通识教育的改革背景

从通识教育的发展渊源看，其内涵具有丰富性且与时俱进。中国古代教育也蕴含着通识教育的理念，比如周朝的贵族教育，要求学生掌握“六艺”即礼、乐、射、御、书、数等多种技能；后来，《诗》《书》《礼》《易》《乐》《春秋》等成为全社会共同的知识和能力资源，并且在教育过程中注重内心的修炼和道德的养成，这些都与通识教育有着共通之处。从教育目的看，通识教育旨在培养有社会责任感、有服务社会能力、人格健全的公民，它有助于学生养成正确的情态、态度与价值观，有助于学生形成宽厚的文化素养与终身发展的生存能力。“通识教育是为了让学生知道这个世界的复杂性与人生无限的可能性，鼓励学生带着丰富而强

作者简介：邓君韬，西南交通大学首批通识课程建设项目“中华玉石文明与鉴赏”主讲人；西南交通大学公共管理学院院长助理、纪委副书记，副教授，法学博士；业余爱好古玩鉴藏（尤好高古玉）。

大的内心去拥抱这个世界，他们懂得自己的价值所在，以很好的自控力和极大的勇气面对现实，迎接未来。”①

西南交通大学是教育部直属全国重点大学，国家首批“双一流”“211工程”“特色985工程”“2011协同创新计划”重点建设且设有研究生院的研究型大学，坐落于中国历史文化名城、国家中心城市——成都。学校始终坚守大学使命，服务国家战略需求，始终与中华民族同呼吸、共命运，见证和参与了中华民族百折不挠、不断奋进的光辉历史，形成了“竢实扬华、自强不息”的交大精神、“严谨治学、严格要求”的办学传统和“精勤求学、敦笃励志、果毅力行、忠恕任事”的校训。学校以工见长，培养和造就了以茅以升、竺可桢、林同炎、黄万里等为代表的30余万栋梁英才，师生中产生了3位“两弹一星”元勋、64位海内外院士和38位国家工程勘察设计大师,改革开放以来轨道交通领域产生的院士几乎全部出自西南交大。

理工类背景高校如何更好开展通识教育？2014年7月1日，西南交通大学正式成立通识教育专家委员会，校内外专家学者就此问题开展专题研讨，标志着西南交通大学“交通天下”通识教育建设走上发展快车道。②学校教务处专门制定《西南交通大学通识课程建设与管理的指导意见》，其指导思想部分提出：通过实施通识教育，向学生传递迄今为止人类关于物质生活和精神生活各个领域的优秀文化和文明成果，引导学生获得对世界与人生的本质意义广泛而全面的理解，帮助学生养成开阔的视野、健全的心智和完整的人格，找到与自身禀赋相匹配的爱好和兴

---

① 杨作东、朱雪梅：《通识教育：未来学校人才培养的新使命》，教育部学校规划建设发展中心网站，https://www.csdp.edu.cn/article/5142.html。

② 时任西南交通大学校长的徐飞教授在西南交通大学通识教育专家委员会成立大会暨通识教育工作研讨会上指出：关于通识的“识”，应至少包含知识、学识、常识、见识、器识、胆识和赏识七个方面；教学内容主要可分为三个层次：知识、方法和精神。知识和方法的关系正如“fish”与“fishing”的关系，授人以鱼不如授人以渔；精神是教学最为精华的部分、最重要的东西，一旦树立和习得，终身受益。在谈及“无用之用”“无用即大用”时，他引用康德的著名命题“人是目的不是手段”，强调指出不应把手段异化为目的。参见陈姝君、李彩虹：《以“交通天下”为特色的一批通识教育课程在西南交大诞生》，攀枝花学院马克思主义学院网站，http://ztxy.pzhu.cn/info/1053/1137.htm。

趣，激发学生探求真理、追求卓越、超越先贤的精神与气魄，促进学生成长成才成人并终身受益。

学校还配套出台《西南交通大学通识教育课程体系设置方案》《西南交通大学通识教育课程模块和详细设计》等规范性文件，鼓励全校教师申报《西南交通大学通识课程建设方案》，笔者主持的“中华玉石文明与鉴赏”有幸进入西南交通首批通识课程建设立项名单。

二、“中华玉石文明与鉴赏”筹备、立项及开展情况

（一）模块定位

《西南交通大学通识课程建设方案》划分了七大模块。①课程组认为“中华玉石文明与鉴赏”定位兼具第一模块“历史、文化与文明传承”与第三模块“艺术鉴赏与审美体验”内涵，旨在提高大学生审美能力，拓展文化视野，有助于大学生树立对中华文明传承的自觉责任担当，增强文化自信，更加主动地传承和推动中华文化走向世界。

通过对中华古代玉石开采、制作以及产生出源远流长数千年之久“崇玉文化”的介绍，培养学生对中国古代玉石玉器的鉴赏与审美，促进学生更好了解中国悠久的文明、历史，体认并自觉弘扬中华文化软实力，培养高度的文化自觉和文化自信，提高学生文化素养，并将课程打造为工科背景院校下独具特色的通识课程。

（二）课程体系

1. 主要内容

玉是中国人审美观的基石。玉文化是中华文化史上重要的篇章之一，是民族文化不可或缺的一部分。课程从内蒙古赤峰出土的距今 6000 年“中华第一龙”到现今新疆玉龙喀什河畔的和田玉料市场，从商周妇好墓出土的精美玉凤到台北故宫博物院珍藏的良渚玉琮，从四川三星堆的未

① 模块一：历史、文化与人文情怀；模块二：哲学智慧与批判性思维；模块三：艺术体验与审美修养；模块四：社会科学与责任伦理；模块五：自然科学与科学精神；模块六：生态环境与生命关怀；模块七：交通、工程与创新世界。

解之谜到墨西哥、新西兰的玉石崇拜，从丝绸之路“蜻蜓眼”到满城汉墓金缕玉衣，从《盗墓笔记》《鬼吹灯》的摸金校尉到八国联军火烧圆明园、劫掠金石玉器，从成都金沙遗址到费城宾夕法尼亚大学博物馆，从古玩市场“捡漏”“打眼”到海外文物回流拍卖，从春秋时期的卞和到当代的马未都，从《山海经》到《古墓丽影》——在娓娓道来历史典故、展示海量高清图片以及对国际、国内文物藏品市场的考察中，结合宝石矿物学、历史学、纹章学、考古学相关知识，并提供部分私人藏品供学生“上手”观摩把玩，在寓教于乐中进行玉石、国学规训，锻炼学生识得“金镶玉”之慧眼，培养“谦谦君子、温润如玉”之品性，了解我中华文明之博大精深，树立文化自觉与自信。

2. 教学大纲

（1）玉石文化概述

（2）玉史三分法

（3）古玉鉴识“五道坎”（材质、器形、纹饰、雕工、沁色）

（4）历代典型玉器鉴赏

（5）古玉辨伪与海外美玉

（6）实践教学篇：身边的玉（博物馆、古玩市场、他山之石）

（三）师资团队与教学方式

除校内师资外，课程组邀请了中国收藏家协会会员、资深收藏家、文博从业人员等作为特邀嘉宾、讲师，对部分内容进行专题授课讲解；利用课程组成员的相关社会资源，提供机会让学生“上手”观摩有关器物。①

通过历史回溯与实物展示、图片欣赏，结合考古资料与馆藏文物相关分析数据，展示绵延近万年的中国玉石文明，梳理其产生、发展脉络；结合宗教学、考古学、历史学、矿物学、民俗学、纹章学以及国学相关知识，重点揭示中国古代玉器背后折射出的历史文化内涵，解读玉文化

① 需要指出的是，由于任课教师本人具有多年收藏经验，同时课程组聘请的校外专家是中国收藏家协会会员、资深收藏家，皆为本课程提供了大量的古玩、玉器实物，以供学生“上手”观摩。此种难得机缘，或许是本课程具有强大吸引力、选课人数爆满的原因之一。

为何成为渗透至中华民族血液之重要基因。通过讲授法，介绍中国玉石的发展历史；通过讨论法，发挥学生主观能动性，探讨不同朝代、不同样式玉器的制作工艺与器形寓意、追求境界；通过实验法，借助我校相关实验室的技术与条件，检测玉石材质、检验制作微痕；通过体验法，带领学生前往当地博物馆、古玩市场与相关文博机构，近距离感受馆藏玉器、民间收藏魅力，培养对古玉的辨识、鉴赏能力。

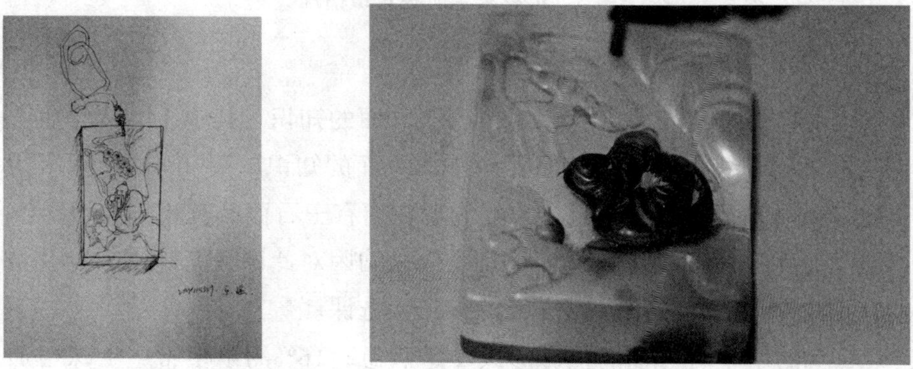

图 1　学生描摹习作与实物对比

（四）教学效果

课程组曾就选课的学生开展问卷调查，[①]相关情况如下所示：

1. 选课学生所在学院及年级统计分析

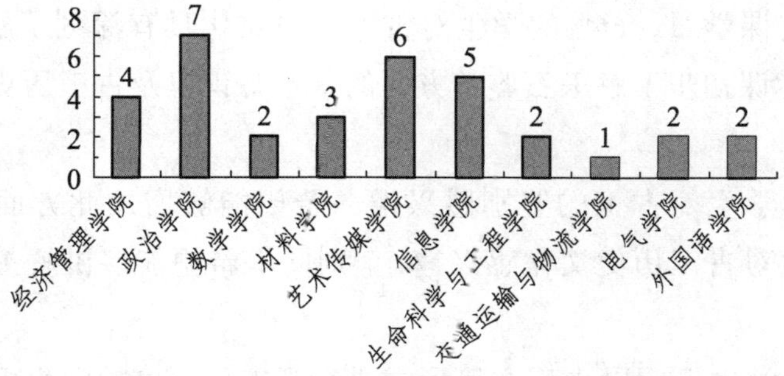

图 2　选课学生所在学院情况

① 《〈中华玉石文明与鉴赏〉课程调查问卷统计分析》由课程助教于森博士协助完成，按照选课人数共发放 50 份调查问卷，有效回收 48 份。

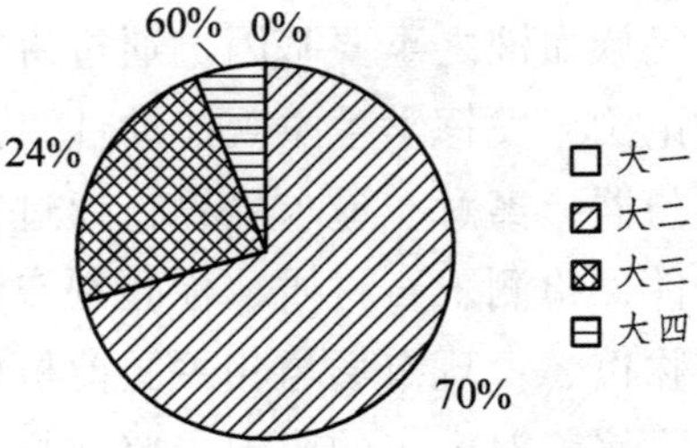

图 3　选课学生所在年级情况

2. 调查结果分析

有 24%的学生上课之前接触过玉石方面的知识，其中 14%的学生上课之前通过电视、小说等途径了解玉石方面的知识，而 8%的学生因为自己家族从事类似行业、自己曾经或现在拥有玉石而具有相关知识；4%的学生是由于学长推荐而选课；剩余同学均因对此课程充满兴趣以及希望获取中华玉石文明与鉴赏方面的知识而选课。

62%的学生对目前的上课形式非常满意；16%的学生希望上课增加一些古玉视频方面的内容；12%的学生希望上课时增加互动交流的机会，6%的学生希望能够增加鉴别古玉方面的知识讲解；4%的学生希望多讲些现代玉器知识。

48%的学生希望能够加强古玉鉴别知识讲授；22%的学生希望加强古玉的历史、传说等方面介绍；2%的学生希望延长课时。

通过选课学习，66%的学生对古玉历史文化具有深刻了解；26%的学生通过此课初步了解玉石鉴赏方面的基本知识以及古玉历史文化方面的知识。

26%的学生对古玉的鉴别感兴趣，希望能够增加此方面的内容；56%的学生对古玉历史文化感兴趣，个别同学希望能多讲解玉石相关神话故事。

56%的学生希望以小论文等形式进行考查；14%的学生希望以考试（开卷或闭卷）形式进行考查；10%的学生建议用 PPT 给出古玉图片或名字，进而考查学生就特定对象年代、历史文化等方面的理解。

综上，调查问卷数据显示同学们对该门课程非常感兴趣，[①]对课程内容给予充分肯定，绝大多数同学认为完成了自己的预定目标。

三、理工类院校人文历史文化类通识教育发展建议

（一）热爱、兴趣与“无用之用”

兴趣是最好的老师，无论对学生而言，还是对老师而言。课程组教师开设《中华玉石文明与鉴赏》首先源自任课教师自身喜爱，并有相关收藏鉴赏的实践经验作为辅助、支撑。[②]课程组教师创设该通识课的初衷，便是将自己的爱好体悟与学生们分享，换言之“师生一起玩”。

“功利的趋势使大学课堂，尤其是理工院校的课堂教育，越来越强调知识的学习，但人文精神不是一个知识体系，而是代表着一种意义空间或价值世界。”[③]《中华玉石文明与鉴赏》课程可能并不具有非常实用的价值：其一，在校生一般不会消费玉石珠宝类商品；其二，古玉作为收藏领域的专项，其鉴别具有较高门槛，甚至需要数年传承、师徒相授；其三，理工类院校的学生，毕业后一般不会成为珠宝或古玩从业人员。作家冯唐曾言：“那些‘无用’的趣味，总会让你学会如何和自己平心静气地相处，让你体会到人生的神采、格调、情趣、韵致，这些正是那些‘手段教育’给不了的。”如果能从该门看似无用的课程中培养格物致知精神，了解器物背后的历史文化，感受中国博大精深的玉文化并增促文

---

① 一学生在提交的课后感悟中写道：“最大的收获是意识到物质不灭。一块玉，从人发现它之前，已经存在了很多亿年，而人类兴衰更替，历史沧桑变化与其无关，所以，不应想着去拥有古物，而是应去感悟，理解其中包含的精神，烙印于其上的时代沧桑。”

② 作为收藏爱好者，笔者曾与友人共同出资收藏了一批与西南交通大学校史相关的文物（包括茅以升《钱塘江桥工程记》“初稿”、茅以升手书“自强不息老当益壮”、茅以升手迹《青玉案·元夕》，陈能宽等“两弹一星”院士签名首日封，唐院时期的教科书、学生笔记、毕业证等在内的60多件珍贵校史资料），并于学校120周年校庆之际捐赠给西南交通大学校史博物馆。参见褚睿鸿：《校史馆获捐60余件珍贵校史资料》，西南交通大学新闻网，https://news.swjtu.edu.cn/shownews-12253-0-1.shtml。

③ 福州大学校报评论员：《无用之用下的“通识”之道》，福州大学新闻网，https://news.fzu.edu.cn/news/info/1013/1?263.htm。

化自信，已然实现课程开设初衷。

（二）重视高校博物馆建设

任课教师曾指导本科生开展 SRTP 项目《我国高校博物馆运行现状与发展机制研究》。[①]项目组认为，随着建设社会主义文化强国战略贯彻实施，我国高等教育事业逐步转向以内涵发展为主的道路，可以想见的未来，高校博物馆即将迎来前所未有的发展机遇。项目组撰写《关于推动我校加入全国高校博物馆育人联盟的建议》，倡议学校加入全国高校博物馆育人联盟（The National Educational Alliance of University and College Museums，NEAUCM），以进一步扩大学校社会影响力，同时也可以更好促进西南交通大学机车博物馆、校史馆建设，促进其在人才培养、科学研究、社会服务和文化传承创新等方面的功能完善，传达出交大独特的教育氛围与人文情怀。

（三）通识教育书院制与实践基地

“随着我国大学书院的建设和发展，各高校普遍重视书院教育功能的发挥，在书院中植入导师制、通识教育、生活和养成教育等三类教育元素。”[②]西南交通大学探索“书院制”开展通识教育：唐臣书院搭建起了跨学科的人才培养平台，实现通识教育与专业教育相结合的个性化培养。在管理模上，茅以升学院行使教学服务管理与学生教育管理两项职能。学生教育管理职能主要以“唐臣书院”为载体，主要包括实施通识教育和养成教育。[③]

康德认为“无论一种知识以什么方式以及通过什么手段与对象发生

① 叶涛、宋行健、李响、刘锋、胡歆、邓君韬：《我国高校博物馆发展简述》，《才智》2014 第 25 期。

② 刘海燕、陈晓斌：《中国大学三种书院教育模式讨论》，《大学教育科学》2018 年第 2 期。

③ “成立唐臣书院是希望通过实行书院制，借鉴西方大学住宿书院的做法，承袭中国书院的古老传统，打造‘全人’教育平台。”参见李益众：《西南交大探索书院教育新模式》，载西南交通大学新闻网，https://news.swjtu.edu.cn/shownews-11928.shtml。

关系，它与对象直接发生关系所凭借的以及一切思维当作手段所追求的，就是直观。”通识教育的渐次发展，也需要类似实践教学的场域或基地，以便捷获得“直观知识”。[①]以《中华玉石文明与鉴赏》通识课程为例，如果能在校内筹建古代艺术品的陈列展览室，在该场域空间内开展“沉浸式”教学，并提供古代艺术品实物、器皿给学生亲自上手把玩、观摩的机会，相信能够极大助益通识类实践性知识的研习。

参考文献

[1] 杨作东，朱雪梅. 通识教育：未来学校人才培养的新使命[EB/OL]. https://www.csdp.edu.cn/article/5142.html.

[2] 陈姝君，李彩虹. 以“交通天下”为特色的一批通识教育课程在西南交大诞生[EB/OL]. http://ztxy.pzhu.cn/info/1053/1137.htm.

[3] 褚睿鸿. 校史馆获捐 60 余件珍贵校史资料[EB/OL]. https://news.swjtu.edu.cn/shownews-12253-0-1.shtml.

[4] 无用之用下的“通识”之道[EB/OL]. https://news.fzu.edu.cn/news/info/1013/17263.htm.

[5] 叶涛，宋行健，李响，等. 我国高校博物馆发展简述[J]. 才智，2014(25).

[6] 李益众. 西南交大探索书院教育新模式[EB/OL]. https://news.swjtu.edu.cn/shownews-11928.shtml.

① 所谓知识直观，其本质是一种心理加工过程，主体通过对直接感知到的教学材料的表层意义、表面特征进行加工，形成对相关事物的具体的、特殊的和感性的认识、直观是理解知识的起点，是知识获得的首要环节。